JN076454

はじめての
マルコ福音書

棟居　正

日本キリスト教団出版局

故 勝田英嗣牧師にこの本をささげます。

はじめに　この本をお読みになるにあたって

聖書には、イエスさまがどういう方かということが書かれています。イエスさまがどういう方かを知るには、イエスさまと出会わなければなりません。それには聖書を読み続ければいいのです。これがこの本を書こうと思ったきっかけでした。聖書を自分の好きなところだけ摘み食いで読むのではなく、しっかり一書通読するのです。

この本をお読みになる方には、修学旅行の経験をお持ちの方が多いでしょう。お友だちと一晩二晩寝食を共にする修学旅行をなさった方は、きっとその時の温かい思い出を忘れることができないでいらっしゃると思います。先生の目を盗んで、消灯時間後もおしゃべりをしたり、枕投げをしているところに先生がいらして叱られたとか。そういうことを通して教室や部活ではわからなかった、お友だちの思いがけない面を知ったことは、年を取るにつれてますます忘れることができない宝ものです。

福音書を通読するのは、その修学旅行に似ています。イエスさまのおっしゃることには時々、これは実行不可能だと思うことも出てきます。でも、そこであきらめずに読み続けていると、その実行不可能と思えたことの中に大事なところが含まれていて、その問いかけが、実は自分に投げかけられている「お招き」だとわかってきたりします。

みなさんのお手元の聖書は、前半と後半で大きく分かれています。前半は「旧約聖書」。ここには主に、紀元前のパレスチナ地方に生きたイスラエルの民の歴史が書かれています。神さまはイスラエルの民をとても大事にしておられ、神さまを尊び、人々を愛する民になってほしいと思い続けていらっしゃいました。ところが人間はそのようにはいかない事実を、旧約聖書は記録しています。何百年にもわたって、イスラエルの民は神さまに背く生活を繰り返しました。

それでも神さまはこの民をお見捨てにならず、何とかしてこれをご自分の子としたいと思い続けられ、その切り札としてイエスさまを「人間の形」でわたしたちの暮らしの中に送り込んでくださいました。そこからが、聖書の後半「新約聖書」の始まりです。

新約聖書の初めに、四つの「福音書」という書物が収められています。これは一言で言えば、イエスさまの伝記です。

四つの福音書の中で最初に書かれたのがマルコによる福音書です。マルコによる福音書を開いてみるとわかるように、マタイによる福音書やルカによる福音書のような、イエスさま誕生の記事がありません。これがマルコによる福音書の特徴のひとつと言ってよいでしょう。

イエスさまが亡くなったのが紀元三〇年ごろ、この福音書が書かれたのは紀元六〇年代、あるいは七〇年代と言われています。この書が書かれた時には、まだイエスさまのことを知っている人がたくさん生きていたはずです。その人たちがイエスさまの十字架の死と復活という、驚くべき出来事に大きな衝撃を受け、このこと一つに心とらわれて、そこに集中した結果、クリスマスの場面はこの福音書では描かれなかったのだと思うのです。

またこの福音書は、ローマ皇帝ネロなどによるキリスト者大迫害を背景に書かれています。その大きな試練の中にあって、イエスさまがお伝えになったことを今こそきちんと書き残し、自分たちの信仰を失わないようにしたい。そういう思いに駆られて書かれたに違いありません。

わたしはキリスト教の家庭に生まれ、教会学校で子どもたちに聖書のお話をしてきただけの信徒です。みなさんが聖書をお読みになる「伴走者」のつもりでこの本を書きました。ごいっしょにこれを読んでいきませんか。

棟居　正

目次

はじめに　この本をお読みになるにあたって……3

1章……11
洗礼者ヨハネ、教えを宣べる／イエス、洗礼を受ける／誘惑を受ける／ガリラヤで伝道を始める／四人の漁師を弟子にする／汚れた霊に取りつかれた男をいやす／多くの病人をいやす／巡回して宣教する／重い皮膚病を患っている人をいやす

2章……20
中風の人をいやす／レビを弟子にする／断食についての問答／安息日に麦の穂を摘む

3章……26
手の萎えた人をいやす／湖の岸辺の群衆／十二人を選ぶ／ベルゼブル論争／イエスの母、兄弟

4章 …… 31
「種を蒔く人」のたとえ／たとえを用いて話す理由／「種を蒔く人」のたとえの説明／「ともし火」と「秤」のたとえ／「成長する種」のたとえ／「からし種」のたとえ／たとえを用いて語る／突風を静める

5章 …… 38
悪霊に取りつかれたゲラサの人をいやす／ヤイロの娘とイエスの服に触れる女Ⅰ／ヤイロの娘とイエスの服に触れる女Ⅱ

6章 …… 43
ナザレで受け入れられない／十二人を派遣する／洗礼者ヨハネ、殺される／五千人に食べ物を与える／湖の上を歩く／ゲネサレトで病人をいやす

7章 …… 50
昔の人の言い伝え／シリア・フェニキアの女の信仰／耳が聞こえず舌の回らない人をいやす

8章……55
四千人に食べ物を与える／人々はしるしを欲しがる／ファリサイ派の人々とヘロデのパン種／ベトサイダで盲人をいやす／ペトロ、信仰を言い表す／イエス、死と復活を予告するⅠ

9章……63
イエス、死と復活を予告するⅡ／イエスの姿が変わる／汚れた霊に取りつかれた子をいやす／再び自分の死と復活を予告する／いちばん偉い者／逆らわない者は味方／罪への誘惑

10章……71
離縁について教える／子供を祝福する／金持ちの男／イエス、三度自分の死と復活を予告する／ヤコブとヨハネの願い／盲人バルティマイをいやす

11章……78
エルサレムに迎えられる／いちじくの木を呪う／神殿から商人を追い出す／枯れたいちじくの木の教訓／権威についての問答

12章……85
「ぶどう園と農夫」のたとえ／皇帝への税金／復活についての問答／最も重要な掟／ダビデの子についての問答／律法学者を非難する／やもめの献金

13章……93
神殿の崩壊を予告する／終末の徴／大きな苦難を予告する／人の子が来る／いちじくの木の教え／目を覚ましていなさい

14章……98
イエスを殺す計略／ベタニアで香油を注がれる／ユダ、裏切りを企てる／過越の食事をする／主の晩餐／ペトロの離反を予告する／ゲツセマネで祈る／裏切られ、逮捕される／一人の若者、逃げる／最高法院で裁判を受ける／ペトロ、イエスを知らないと言う

15章……108
ピラトから尋問される／死刑の判決を受ける／兵士から侮辱される／十字架につけられる／イエスの死／墓に葬られる

16章 …… 114
復活する／結び一（マグダラのマリアに現れる／二人の弟子に現れる／弟子たちを派遣する／天に上げられる）／結び二

この本を書いたわたしの信仰のあゆみ …… 120

＊本書の聖書の引用は『聖書　新共同訳』（日本聖書協会）に準拠します

装丁　クリエイティブ・コンセプト　江森恵子
装画　金斗鉉

第1章

1～8節	洗礼者ヨハネ、教えを宣べる
9～11節	イエス、洗礼を受ける
12～13節	誘惑を受ける
14～15節	ガリラヤで伝道を始める
16～20節	四人の漁師を弟子にする
21～28節	汚れた霊に取りつかれた男をいやす
29～34節	多くの病人をいやす
35～39節	巡回して宣教する
40～45節	重い皮膚病を患っている人をいやす

◆1章1～8節　洗礼者ヨハネ、教えを宣べる

「預言者イザヤの書にこう書いてある。『見よ、わたしはあなたより先に使者を遣わし、あなたの道を準備させよう』」（2節）。旧約聖書に出てくるイザヤという預言者が、神さまから告げられていました。救い主が来てくださる前に、まずそれを準備する人を派遣する、と。

ここで預言と予言の違いをちゃんと知っておきましょう。予言は、これからこういうことが起こりますよと前もって言っておくことです。それに対して預言は、「預」という字が預かるということですから、神さまからのお言葉をお預かりして、人々に伝えてあげることです。

文中イザヤとありますが、ここは旧約聖書の出エジプト記23章20節、マラキ書3章1節、イザヤ書40章3節がまじったものです。イエスさまの出現が、今突然起こったことでなくて、ずーっと昔から神さまによって準備されていたのだということを、しっかり心に留めたいのです。

イスラエルの人々は、神さまに特別に愛された民族でし

た。自分たちが奴隷状態にされていたエジプトから、神さまに助けられて逃げ出すことができました。しかし、彼らは自分たちに命をくださった神さまのお心を忘れてしまいます。この人々を、何とかして神さまのもとに呼び戻したい、という神さまの思いによって、イエスさまは地上に来てくださいました。

このイエスさまを通して、救いのご計画が今いよいよ始まろうとしています。ですから1節の「神の子イエス・キリストの福音の初め」という言葉は、神さまの救いのわざが、さあいよいよ始まりますよという宣言なのです。

罪にとらわれていた人々が、何とか悔い改めて、神の国に入ってきてほしい。この神さまの願いを人々に伝え始める準備として、まず洗礼者ヨハネが現れます。

「荒れ野で叫ぶ者の声がする。『主の道を整え、その道筋をまっすぐにせよ』」（3節）。ヨハネという人が、メシア、つまり救い主を迎える準備として、人々の心をまっすぐ神さまの方に振り向けようと、まずやって来ます。

ヨハネは言います。「わたしよりも優れた方が、後から来られる。わたしは、かがんでその方の履物（はきもの）のひもを解く値打ちもない」（7節）。そのころはみんな、ひもの付いたサンダルを履いていて、家に入る時、それを脱がせてあげるのが奴隷の仕事でした。この「履物のひもを解く」という奴隷がやる仕事をするのも申し訳ないほど、イエスさまは立派な方なのだ、とヨハネは言います。

「わたしは水であなたたちに洗礼を授けたが、その方は聖霊で洗礼をお授けになる」（8節）。わたしが水で「清めの洗礼」をしているのとはまるでわけが違う。その方は聖霊で洗礼をしてくださり、わたしたちが心の底から神さまの方を向いて生きていけるよう、つくりかえてくださる。それほどの方なのだとイエスさまを紹介しています。

さあこれから、そのすばらしい方のなさったこと、話されたことをたどっていきましょう。

◆1章9～11節　イエス、洗礼を受ける

「そのころ、イエスはガリラヤのナザレから来て、ヨルダン川でヨハネから洗礼を受けられた」（9節）。ヨルダン

川は大きな川です。イエスさまはその川に全身を浸してヨハネから洗礼をお受けになりました。そのころの洗礼はそういうやり方でした。今でもこのやり方で洗礼をしている教会もあります。

　マタイによる福音書3章14節以下を参考に見てみましょう。イエスさまがヨハネに洗礼を受けたいと言って来られると、ヨハネが「わたしこそ、あなたから洗礼を受けるべきなのに、あなたが、わたしのところへ来られたのですか」と質問します。これに、イエスはお答えになりました。「今は、止めないでほしい。正しいことをすべて行うのは、我々にふさわしいことです」。

　「正しいことをすべて行うのは」とは、どういうことでしょうか。それはこういうことだったのでしょう。ヨハネの洗礼は「罪の赦しを得させるため」の「悔い改めの洗礼」だったとありますね（4節）。イエスさまは神さまのお子さんですから、悔い改めなければならない罪はありません。罪というのは神さまのお言葉に耳を貸さず、自分の心のままに生きていることだからです。

　それでもイエスさまが「わたしも洗礼を受けさせてほしい」とおっしゃるのは、「わたしもあなたがたと全く同じ罪のある人間となりますよ」という宣言と同じなのです。イエスさまはわたしたちの罪を救うために、ご自分もわたしたちと全く同じ人間としてこの世で過ごすことを、心にしっかりと決めていらしたのです。

　その決意によって洗礼を受けた時、イエスさまは「天が裂けて〝霊〟が鳩のように御自分に降って来るのを、御覧になった。すると、『あなたはわたしの愛する子、わたしの心に適う者』という声が、天から聞こえた」（10～11節）のです。このイエスさまのお覚悟を神さまは心から「いいぞ、それだ」とお喜びになったのです。

◆1章12～13節　誘惑を受ける

　マルコによる福音書ではこの箇所はとても簡単に書いてありますが、マタイによる福音書4章1節以下、ルカによる福音書4章1節以下には、かなり詳しく書いてあります。こちらも参考にしてください。

マタイによる福音書によれば、悪魔の誘惑は三つありました。最初はパンの誘惑。断食しているイエスさまに悪魔はパンをちらつかせます。生活にどうしても必要なものに対する誘惑、言い換えれば経済的な誘惑です。

二つめは神さまを試したいという誘惑です。高い所から飛び降りても、神の子なら、神さまが守ってくれるはずだ。それが本当かどうかを試そうというわけです。

三つめはこの世のものを残らず支配するという、権力欲、支配欲の誘惑。簡単に言えば、偉くなりたい、一番でなくてはダメということで、これはもしかしたら小学生や中学生でも持っている欲望じゃないでしょうか。

このサタンの試みを受けることにより、この世で父である神さまに仕える仕事をなさる資格が、イエスさまにちゃんとあるかどうかが試されたのですね。もちろんどの試みも、イエスさまは立派にクリアしました。

イエスさまを試したサタンについて、ちょっと触れておきましょう。サタンは人間を神さまから引き離そうとする、この世の悪の力です。サタンは見えません。そして優しい顔でわたしたちに近づき、ある時は聖書の言葉まで引いてわたしたちを罪に誘い込もうとするのです。油断をするとわたしたちは簡単にサタンの陰謀に引っかかります。この陰謀に引っかからないようにするには、どうしたらいいと思いますか。これはわたしたちの大きな課題です。

◆1章14～15節　ガリラヤで伝道を始める

「ヨハネが捕らえられた後」と始まります。自分の罪を悔い改めなさいと人々に呼びかけたヨハネは、時の支配者ヘロデ王が、兄弟の妻を横取りしたことを挙げ、それは律法が禁止する大きな罪だと、ハッキリみなの前で言ったのです。それでヨハネはヘロデに捕まって、やがて殺されてしまいます。そのことは6章14節以下に書いてあります。

イエスさまの働きは、このヨハネからリレーでバトンを渡されるようにして始まります。「時は満ち」（15節）とあるように、神さまがご計画になった時、神さまの時のスタートでした。その際のイエスさまの最初の声が「神の国は近づいた。悔い改めて福音を信じなさい」です。イエスさまが来てくださったこと、それがまさに「神の国は近づいた」ということなのです。

預言者たちを通して神さまの言葉を聞いていた時代は終わった。これからはいよいよ、イエスさまが語りかけてくださる。それは父である神が語りかけてくださるのと同じことです。イエスさまが来てくださったので、わたしたちは神さまのお声を生(なま)で聞けます。わたしたちはその言葉と向き合っていけるのです。

◆1章16～20節　四人の漁師を弟子にする

「イエスは、ガリラヤ湖のほとりを歩いておられたとき、シモンとシモンの兄弟アンデレが湖で網を打っているのを御覧になった。彼らは漁師だった」（16節）

イエスさまがご自分の伝道を手伝う人としてお選びになったのは、聖書学者や祭司ではなく、普通の労働者でした。漁師でした。神さまのお言葉を伝えるのに、ただの人をお選びになったのはどういうわけでしょう。わたしはこれをずっと考え続けています。神さまは何でもおできになるのですから、お手伝いなどいらないのではないかと。でもイエスさまはそうなさらなかった。不思議なことですが、これにはきっと大事な意味があるはずです。

イエスさまに声をかけられた四人。「すぐに網を捨てて従った」（18節）のです。網は大事な商売道具、彼らが生活するのに絶対必要なものです。その生活必需品を捨て、すぐ従いました。これからずっと聖書を読んでいくと、神さまに従っていくのに、この「すぐに」はとても大事なことだとわかります。自分の都合などでぐずぐずしていてはダメだということが、いろんな場面に出てきます。

ただ不思議なことですが、イエスさまにすぐついていこうと決心すると、自分が大事に思っている人、友人、暮らしの中で付き合っている人々のことが気になってきます。その人たちにも、何とかしてイエスさまに出会ってほしい、と思うようになってくるのです。

こうしてイエスさまの伝道活動が始まりました。

◆1章21～28節　汚れた霊に取りつかれた男をいやす

イエスさまはお弟子さんと一緒にカファルナウムにいらっしゃいました。カファルナウムはガリラヤ湖の一番北、ガリラヤ地方の大きな町でした。その町には、ユダヤ教の礼拝をささげるための「会堂」がありました。

「イエスは、安息日に会堂に入って教え始められた」（21節）。金曜日の日没から、土曜日の日没までが安息日です。それは礼拝の日でした。

イエスさまはこの日、会堂で、人々が自分たちの罪に気づき、悔い改めを迫られるような、豊かなお話をなさったのです。みんな、神さまの呼びかけが心に響いたと思います。「権威ある」（22節）というのは、イエスさまが話される言葉に神さまのお力が働いていたということです。それで、みんなびっくりしたのです。人間が自分たちの頭で考え出した理屈で話しかけるのと、神さまが愛の心で話しかけてくださるのとでは、全然違って当然ですね。

わたしたちが礼拝をする時、そこには必ずイエスさまが一緒にいらっしゃいます。だから礼拝は何かの講演会とか学校の授業のようなものとは全く違うのです。礼拝はイエスさまがいてくださる場所です。

イエスさまの話を聞いて、この会堂にいた男が叫びます。「ナザレのイエス、かまわないでくれ。我々を滅ぼしに来たのか。正体は分かっている。神の聖者だ」（24節）。

汚れた霊が一番恐れるのは神さまです。男に取りついた汚れた霊は、イエスさまが神だとすぐに気づき、叫びました。イエスさまが「黙れ。この人から出て行け」（25節）とお叱りになると、汚れた霊は出て行きました。

イエスさまが何か魔術をかけたりするのではなく、言葉で悪霊を追い出されたというのはとても大事です。神の言葉は力です。わたしたちが暮らすこの世界も、神の言葉でできたのです（創世記1章）。

神の言葉の力をみなさんも知ってください。この力がわかるようになるには何年もかかるかもしれませんが、聖書の言葉に触れ続けていると、段々わかるようになってきます。そしてあなたもその力で変えられていきます。それはうれしいものですよ。

人々は「権威ある新しい教えだ」（27節）と本当にびっくりしました。イエスさまの伝道の最初は、神の言葉の力を示されたことでした。この驚きは、たちまちガリラヤ地方の隅々まで広がっていきました。

◆1章29～34節　多くの病人をいやす

会堂でイエスさまが、汚れた霊を男の人から追い出してくださった出来事の続きです。礼拝後すぐイエスさまたちは、シモン・ペトロと兄弟のアンデレの家に向かいます。漁師だった二人ですね。ヤコブ、ヨハネも一緒でした。するとシモンのしゅうとめが熱を出して寝ていたのです。しゅうとめは夫か妻のお母さんのことですから、ペトロが結婚していたことがわかります。

ペトロのおしゅうとめさんが病気だ、と周りの人がイエスさまに伝えます。イエスさまはすぐ彼女のところにいらして「手を取って起こされると」（31節）たちまちその熱が下がって、彼女はお客さんたちをもてなしました。

イエスさまはただ手を取って起こしただけです。それで病気が治ってしまいました。イエスさまが普通の人でないことにみな気づきました。日が落ちて安息日が終わると、町中の人々がぞくぞくと集まってきて、病気を治していただいたり、悪霊を追い出していただいたりしました。

安息日の間は病気で苦しんでいる人も、手当てをしてもらえなかったのですね。律法にしばられた窮屈な時代だったのです。

◆1章35～39節　巡回して宣教する

イエスさまはカファルナウムで神さまのお言葉を伝える活動をお始めになりましたが（21節）、39節には、ガリラヤ中を回られたと書いてあります。

そういう中でも、イエスさまは本当によく神さまと向き合ってお祈りをなさいました。35節に「朝早くまだ暗いうちに、イエスは起きて、人里離れた所へ出て行き、そこで祈っておられた」と書かれていますね。

お祈りというのは、神さまと一対一で向き合ってするものですよと、イエスさまはマタイによる福音書6章6節で言っていらっしゃいます。「あなたが祈るときは、奥まった自分の部屋に入って戸を閉め、隠れたところにおられるあなたの父に祈りなさい。そうすれば、隠れたことを見ておられるあなたの父が報いてくださる」。お祈りは習慣や形ではないのです。

イエスさまは、特に大事なことを前にすると、山に退いて一人で祈られました。その様子が福音書のいろんなところに出てきます。そして祈りによって力を得て、働きを始められたのです。

38節でイエスさまは「近くのほかの町や村へ行こう。そこでも、わたしは宣教する」とおっしゃっています。宣教というのは「神さまがあなたがたを、神の国へと招いていらっしゃいます」と伝えることです。宣教こそが、父である神さまから与えられた自分の役目だとお考えだったのです。

◆1章40〜45節　重い皮膚病を患っている人をいやす

マルコによる福音書には、イエスさまが癒やしをなさったことがいくつも書いてあります。病気をなおしてあげることが、神さまのお言葉を伝えることと同じように大事だったのですね。

巡回して宣教する中で、イエスさまは重い皮膚病にかかった人に出会われます。その人はひざまずいて、「御心ならば、わたしを清くすることがおできになります」（40節）と言いました。当時、このような病気にかかると、家にいることも、村にいることもできませんでした。律法は、こういう人は汚れているので、みんなに触れてはいけないと定めていたのです。人々の優しさを一番必要としている人が、地域社会からはじき出され、周りの人との交わりを禁じられるのはおかしなことでしたが、律法はそう決めていました。

病気のつらさもあったでしょうが、だれからもかえりみられない、だれからも必要とされない、そのように一人ぼっちにされるのが人間には一番つらいことです。

そのつらさをイエスさまは、しっかり受け止めてくださいました。そしてその人が、イエスさまならばこの身を清めてくださると信じた、その信仰をしっかり受け止められたのでしょう。

「イエスが深く憐れんで、手を差し伸べてその人に触れ」た（41節）とあります。汚れているとされたものに触れる。それはユダヤ人が絶対に避けたことでしたが、イエスさまはそんなことは平気でした。むしろそれをご自分が引き受けたのです。そしてイエスさまが「『よろしい。清くなれ』と言われると、たちまち重い皮膚病は去り、その人は清くなった」（41～42節）のでした。

イエスさまはその人に厳しく注意して、言われました。「だれにも、何も話さないように気をつけなさい。ただ、行って祭司に体を見せ、モーセが定めたものを清めのために献げて、人々に証明しなさい」（44節）。

どうして、だれにも話さないようにと注意なさったのかは書いてありません。多分今はまだ、ご自分が「神である」ことをみんなにはっきり伝える時ではない、ということだったのでしょう。

そして続けてイエスさまは、その人に、律法（レビ記14章）に決められたように、病気がすっかり治ったことを祭司に証明してもらうようにおっしゃったのでした。

でもその人はとても黙っていることはできませんでした。「大いにこの出来事を人々に告げ、言い広め始めた」（45節）のです。この男の人は、それほどにうれしかったのでしょう。仕方がありません。イエスさまに出会うということは、それほどの喜びなのですから。

第2章

1～12節	中風の人をいやす
13～17節	レビを弟子にする
18～22節	断食についての問答
23～28節	安息日に麦の穂を摘む

◆2章1～12節　中風(ちゅうぶ)の人をいやす

中風というのは脳の中の血管が切れたり詰まったりすると起こり、手足が自由に動かせなくなったり、言葉をうまく出せなくなったりする怖い病気です。イエスさまがこういう病気になった人をお治しになったお話です。

ガリラヤ中を回って、神さまの愛を伝えたイエスさまが、またカファルナウムに戻っていらっしゃいました。イエスさまのもとに町の大勢の人々が押しかけてきます。

そこに「四人の男が中風の人を運んで来た」（3節）のです。イエスさまならきっと治してくださる。この四人はそう思ったに違いありません。でも来てはみたものの、家の中は人でギッシリ。この四人はどうしたでしょう。

なんとこの家の屋上に、病気の友だちを引っ張り上げたのです。ユダヤの家は屋根は平らで、外階段で上がることができたし、粘土で固めた屋根をはがすのも難しいことではなかったそうです。

四人は屋根をはがして、人一人を降ろせる穴をあけてしまいます。下にいる人々はさぞビックリしたでしょうね。そして病気の友をイエスさまの前につり下ろしました。「イエスはその人たちの信仰を見て、中風の人に、『子よ、あなたの罪は赦される』と言われた」（5節）。イエスさまが病気になった人の信仰をご覧になって、その病気をお治しになったという出来事は、いろんなところに出てきます。でもここでイエスさまは、病気の人のお友だちの信仰を見ていてくださいます。

　そのありさまを目の前にした人々は、きっとイエスさまのお言葉にビックリしたでしょう。でもそう思わなかった人たちもいました。律法学者です。イエスさまが「あなたの罪は赦される」とおっしゃったのを聞いて、「神おひとりのほかに、いったいだれが、罪を赦すことができるだろうか」（7節）と心の中で思ったのです。

　この学者たちはよく勉強していましたから、人の罪を赦せるのは神さまだけだ、とよくわかっていたし、またそのとおりなのです。ただこの人たちは、イエスさまが神の子であることには気づいていません。それで、自分を神だとするこの男はとんでもないやつだ、と思ったのです。

　イエスさまはこの学者たちにおっしゃいます。「なぜ、そんな考えを心に抱くのか。中風の人に『あなたの罪は赦される』と言うのと、『起きて、床（とこ）を担いで歩け』と言うのと、どちらが易しいか」（8～9節）。

　イエスさまが言おうとしたのはこういうことでしょう。――わたしはそのどちらも言えるのだよ。わたしに罪を赦す権威があることがわからないのなら、別の言い方をしよう。「さあ家にお帰り」。

　男は「起き上がり、すぐに床を担いで、皆の見ている前を出て」行きました（12節）。それを見ていた人々はみな驚き、「このようなことは、今まで見たことがない」と言って、神を賛美したのです。

　イエスさまが神の力をお持ちであることに気づいた人と、気づかない人がいました。その違いは、どこにあるのでしょう。

　自分の考えだけが正しいとせず、謙遜に、心の耳をしっかり澄ませて聞くことが大切ですね。日常生活の中で、小さなことにちゃんと気づく人もいれば、何も気づかない人もいるでしょう。神さまのお言葉を聴き、しっかり自分の罪に気づく人になりたいですね。

◆2章13〜17節　レビを弟子にする

イエスさまは安息日以外にも、野原や湖のほとりで、集まってくる人々に神さまがどういうお方なのか、よくお話しになりました。この日も人々に話をしようと、湖の方に歩いていらっしゃると、途中、アルファイの子、レビが税金を取る事務所に座っているのをご覧になりました。

ユダヤの人々は、ユダヤを支配しているローマ帝国にも税金を払わなければなりませんでした。ユダヤ人にはこれはとても腹立たしいことでした。ユダヤ人たちはローマの支配をとても嫌っていましたから、そのローマの手先になって税金を取り立てる徴税人も、憎まれていました。

おまけにこの徴税人たちは、必要以上にユダヤ人たちからお金を取って、その中から好きなだけ自分の給料分として懐に入れていました。だからけっこうぜいたくに暮らすこともできたのです。

ユダヤ人たちはローマに支払う税金を取られるのも、徴税人たちが良い暮らしができているのも忌々(いまいま)しかったのです。だから徴税人を「あれは罪人(つみびと)だ」とすごく嫌って、仲間として付き合おうとしませんでした。徴税人たちは、友だちはいない、困ったことができても頼る人は全然いない。お金があっても、寂しい人生でした。

ですからレビは、イエスさまから「わたしに従いなさい」（14節）と言われると、新しい人生が始まるような思いがしたのかもしれません。「彼は立ち上がってイエスに従った」のです。マタイによる福音書9章では、この徴税人がマタイという名前になっています。

レビは、イエスさまに声をかけていただいたことがよほどうれしかったのでしょう。食事会を開きました。

集まった人々は徴税人仲間や、貧しくて律法を守れない人、あとはイエスさまの弟子たちばかり。それを見た信仰深いファリサイ派の学者たちは、「どうして彼は徴税人や罪人と一緒に食事をするのか」（16節）と不思議がったのです。

そういう学者たちに、イエスさまはおっしゃいました。

「医者を必要とするのは、丈夫な人ではなく病人である。わたしが来たのは、正しい人を招くためではなく、罪人を招くためである」(17節)。

　自分が病気で、何とか治りたいと思っている人でなければ、お医者さんの所には行きませんね。同じように、自分はどうしても正しい生活ができないことに気づいて、そのことに苦しんでいる人こそ、イエスさまといっしょに食事ができる人なのです。

◆2章18～22節　断食についての問答

　断食とはご飯を食べないことですが、聖書には時々、断食をする人が出てきます。いったいどういう意味があるのでしょうか。

　ユダヤ人たちは、聖書に書かれているとおりに生活しようとしていました。断食もその一つで、レビ記23章27節に「第七の月の十日は贖罪日（しょくざいび）である。聖なる集会を開きなさい。あなたたちは苦行をし……」とありますが、この苦行のひとつが断食なのです。苦行、断食はとても大事で、ユダヤ人たちの信仰生活に欠かせないものでした。

　ところがイエスさまの周りにいた人々は、古くからの習慣に、もうあまりしばられなくなっていたのでしょう。そこで人々がイエスさまに尋ねます。

　「ヨハネの弟子たちとファリサイ派の弟子たちは断食しているのに、なぜ、あなたの弟子たちは断食しないのですか」(18節)。そのような質問にイエスさまは「花婿（はなむこ）が一緒にいるのに、婚礼の客は断食できるだろうか。花婿が一緒にいるかぎり、断食はできない」(19節)とおっしゃったのですが、この花婿ってだれのことでしょう。そう、イエスさまご自身のことでした。

　今こうしてイエスさまが一緒にいてくださっているのですから、今はうれしい時です。苦行をする時ではないのです。でもこの花婿が取り去られるという、悲しいことがやがて起こります。その時には、この人たちもきっと断食をするでしょう。「花婿が奪い取られる時」(20節)。それは後で出てきますが、イエスさまの十字架の死の時です。

　このようにおっしゃった後、イエスさまはお酒を入れる革袋の話を突然になさいました。お酒とはぶどう酒のことで、それを入れるのは動物の革を利用した袋でした。ぶどう酒はぶどうの実が含む糖分が発酵してできますが、この時に炭酸ガスを沸々（ふつふつ）と出します。ですからまだ炭酸ガスを出している新酒を、古くなった袋に入れると、ガスの圧力に耐えられずに破けてしまうのです。

もう一つ。破けた服の修理のこともたとえにされていますね。古くなった服が破けると、今はさっさと捨ててしまう人が多いようですが、昔はもっと物を大事にしていました。何回でも継ぎを当て、直して着たのです。そういう時、新しいあて布でなく、元の布と同じぐらい古くなっているあて布で直します。新しいあて布で直すと、あてた布は丈夫なのに、周りが古く弱った布ですから、何かで布が引っ張られると、古い布が力に耐えられず、破けてしまうのです。お酒の袋と同じですね。

イエスさまがおっしゃりたかったのは、「わたしの教えは今までみんなが聞いたことのない新しい教えだから、古い習慣にしばられていては受け止められませんよ」ということではなかったでしょうか。わたしたちもイエスさまのお言葉を自分の常識で受け止めるのではなく、新しい柔らかな心で素直に聞かねばなりません。

◆2章23〜28節　安息日に麦の穂を摘む

創世記によると、神さまはこの世界を六日間でおつくりになり、七日目に休まれました。これが安息日の始まりです。これは神さまのもとで安らぐ日です。ユダヤ人たちはまじめに安息日の律法を守っていましたが、なんのために休むのか、安息日の目的がいつの間にかわからなくなっていたようです。

ある安息日のことでした。イエスさまは弟子たちを連れて麦畑の中の道を歩いていらっしゃいました。おなかが空いたのか、弟子たちが歩きながら麦の穂を摘み、しごいて、手のひらでもんで殻をとると、ひょいと口に入れ食べていました。これは昔はよくやったことでした。麦は生でもけっこう食べられるのです。

この麦の穂を摘むということを仕事だと考えたまじめな

ファリサイ派の人々が、「なぜ、彼らは安息日にしてはならないことをするのか」（24節）と言いました。イエスさまはそれに対して、サムエル記上21章2～7節に書いてあることを引いて、「ダビデが、自分も供の者たちも、食べ物がなくて空腹だったときに何をしたか、一度も読んだことがないのか」（25節）とお尋ねになったのです。

そこには「アビアタルが大祭司であったとき、ダビデは神の家に入り、祭司のほかにはだれも食べてはならない供えのパンを食べ、一緒にいた者たちにも与えた」（26節）ことがちゃんと書かれていました（「アビアタル」は、サムエル記を正しく引用すれば「アヒメレク」です）。「祭司のほかにはだれも食べてはならない」というのも律法、神さまとの約束ですが、ダビデも必要ならばそれを破っていたのです。

律法の表面的な意味にとらわれている人々に、イエスさまは「安息日は、人のために定められた」（27節）と告げて、安息日はみんなが心も体も満たされてしっかり休むための日であることを伝えます。そして「人の子」、つまりイエスさまは「安息日の主」であるとおっしゃったのです（28節）。

わたしたちも世の中の習慣とか、形式にしばられてはいませんか。このようなものから自由になるためには、イエス・キリストのお言葉に従うのが一番です。キリストによってわたしたちは世にある形ばかりの習慣、本来の目的を忘れてしまった形式、また罪から解き放たれるのです。

第3章

1～6節　手の萎えた人をいやす
7～12節　湖の岸辺の群衆
13～19節　十二人を選ぶ
20～30節　ベルゼブル論争
31～35節　イエスの母、兄弟

◆3章1～6節　手の萎えた人をいやす

礼拝の日である安息日にイエスさまが会堂にお入りになると、そこに片手を自由に動かせない人がいました。「人々はイエスを訴えようと思って、安息日にこの人の病気をいやされるかどうか、注目していた」（2節）。安息日には働いてはいけないと定められていました。その定めをイエスさまが破っているといううわさが広がっていたのでしょう。だからみんな注目します。

イエスさまはこの片手を動かせない人に、集まった人の「真ん中に立ちなさい」（3節）と言われました。「真ん中に」というのはとても大事です。一番人の目に付くところですから、イエスさまは、これから自分がなさることをみんなにちゃんとわかってほしい……、そう思われたのでしょう。そして「安息日に律法で許されているのは、善を行うことか、悪を行うことか。命を救うことか、殺すことか」（4節）と大きな質問を、周りの人々に投げかけられたのです。

みんなシーンとしてしまいました。というのは、この安息日の問題が、イエスさまに反対する人々の間で注目され始めていたからでした。ここでうっかり発言したら、自分たちもこの論争に巻き込まれてしまう。みんな危ないことには近寄りたくなかったのです。

本当に必要なのは、神さまは何のために安息日を定めてくださったのか、を考えることです。でも人々は、律法に書かれているとおりに行っていれば、自分は正しいと思い込み、困っている隣人への思いやりも愛もありません。イエスさまは悲しみながら、周りの人々の顔を見回して、一言、「手を伸ばしなさい」（5節）とおっしゃいました。その人が手を「伸ばすと、手は元どおりになった」とマルコは証言しています。神さまのお力の現れでした。

「ファリサイ派の人々は出て行き、早速、ヘロデ派の人々と一緒に、どのようにしてイエスを殺そうかと相談し始めた」（6節）。今まだ3章ですが、イエスさまのなさることは一つ一つ、十字架へ向かっての歩みなのです。

◆3章7～12節　湖の岸辺の群衆

それまで会堂で人々に話をなさっていたイエスさまですが、3章1～6節のような出来事があり、会堂が使いにくくなったのかもしれません。イエスさま一行は「湖の方へ立ち去られ」（7節）ます。するとたくさんの人々も後を追いました。それは「ユダヤ、エルサレム、イドマヤ、ヨルダン川の向こう側、ティルスやシドンの辺り」（7～8節）からやってきた人々でした。

新共同訳聖書の巻末の地図6「新約時代のパレスチナ」で確かめてみましょう。エルサレムは死海の西北にありますね。イドマヤはエルサレムより南、大きな字で書いてあります。ヨルダン川の向こう側とは東側のことでしょう。ティルス、シドンは地図のずっと北、地中海岸のフェニキアの町々です。つまり、本当にパレスチナの全域から人々が集まってきたことがわかりますね。「イエスのしておられることを残らず聞いて」（8節）押し寄せてきたのです。そこでイエスさまは群衆に押しつぶされず、話をするために「小舟を用意してほしい」（9節）とおっしゃいました。

人々はイエスさまのお話を聞きたかったばかりでなく、さまざまな病気を治してもらいたかったのです。押し寄せる人々は心も体も病み、飢えていました。でも人々は、イエスさまが神のお子さまだったことには気づかないままだったかもしれません。

しかし「汚れた霊」たちはイエスさまがどういう方かすぐわかりました。「汚れた霊どもは、イエスを見るとひれ伏して、『あなたは神の子だ』と叫んだ」（11節）のです。イエスさまはこの霊どもに「自分のことを言いふらさないように」（12節）と厳しく戒められました。

イエスさまは、まだその時ではないと思われたに違いありません。神さまには神さまの時というものがあって、一番大事な時、これという時に、そのことを現されるのです。

◆3章13〜19節　十二人を選ぶ

イエスさまが山に登って、「これと思う人々」（13節）をそばに呼び寄せます。聖書では、山は人が神さまと出会う特別な場所です。神さまの目の前で、イエスさまはご自分のお手伝いをする人をお選びになったのです。これはとても大事なことですね。イエスさまが勝手にお選びになるのではなく、神さまの御心に沿うように、神さまの目の前で選ぶということです。

それは「派遣して宣教させ、悪霊を追い出す権能を持たせるため」（14〜15節）でした。これから選ばれる人々は、神さまのお力を預かって、世の人々の間で働くのです。

では、だれがこの大事なお仕事を任されたでしょう。ペトロ、ヤコブ、ヨハネ、アンデレ、フィリポ、バルトロマイ、マタイ、トマス、アルファイの子ヤコブ、タダイ、熱心党のシモン、そしてイスカリオテのユダでした。

このイスカリオテのユダが後になってイエスさまを裏切ることになるのです。不思議ですね。なぜ主を裏切るような人を選ばれたのでしょう。しかもこの十二人は「使徒」と言われることになり、イエスさまに従ってくる大勢の人々の指導者とされたのですから。

でも、これはイエスさまが神さまの前でなさったことです。きっと何かのお考えがあってのことでしょう。このことを信じた上で、疑問は持ち続けていきましょう。

◆3章20〜30節　ベルゼブル論争

21節は31節以下につながっています。そこに22〜30節が組み込まれています。これを心に留めながら読みましょう。

イエスさまが家に帰られると、そこにも人々が押し寄せて、「一同は食事をする暇もないほどであった」（20節）。最近は多くの家庭で、家族がみんなそろったところで食事を始めることが少なくなっているようです。でもクリスチャンホームでは特に夕食は家族みんなが集まり、感謝のお祈りをして食事をいただくことを大切にしてきました。

ユダヤでもこれはとても大事なことで、食卓を囲むのは神聖なことでした。食事は、わたしたちが神さまから命を支えていただいていることを心に刻む時間だからです。イエスさまたちは忙しくて、それもできなかったのです。

21節には「身内の人たち」がイエスさまを取り押さえに来たとあります。さっきも言いましたが、これは31節に続いていきます。

なぜ身内の人がイエスさまを取り押さえに来たかというと、「気が変になっている」といううわさが聞こえてきたからです。そして「エルサレムから下って来た律法学者たち」（22節）も同じように言っていたのです。そこで22節から30節まで律法学者との論争が記されています。

聖書には、悪霊につかれた人々をイエスさまが一言で治してしまわれたことが、何回も出てきます。そのような神の力をお持ちのイエスさまを、「ベルゼベル」つまり「悪霊の頭（かしら）」だとみんなが思い違いし始めたのでしょう。それを何と学者たちも信じ、あの男は「悪霊の頭の力で悪霊を追い出している」（22節）と言ったというのですが、こんな子どもだましのお話はたちまちイエスさまによって言い負かされてしまいます。

イエスさまはこうおっしゃって、学者らの考え方がどれほど理屈に合わないかをはっきりなさいました。「国が内輪（うちわ）で争えば、その国は成り立たない。家が内輪で争えば、その家は成り立たない。同じように、サタンが内輪もめして争えば、立ち行かず、滅びてしまう」（24～26節）。イエスさまが悪魔の頭だったら、わざわざ自分の国が乱れるようなことをするはずはない、ということです。

27節の「強い人」は悪魔か悪魔の頭のことです。それをしばり上げるのは神さまの力です。神さまの力が、悪霊が取りついている人に及んだのです。

悪霊がしばり上げられ、力を失うのはただ神さまの力によるほかありません。だから神の力である聖霊を冒瀆（ぼうとく）する者は「永遠に赦されず、永遠に罪の責めを負う」（29節）と、イエスさまは厳しく学者らにお教えになったのです。学者たちはこれがわかったでしょうか。

◆3章31～35節　イエスの母、兄弟

「イエスの母と兄弟たちが来て外に立ち、人をやってイエスを呼ばせた」（31節）

お母さんのマリアが息子であるイエスさまに会いに来たのに、「人をやって」イエスさまを呼び出そうというのはおかしいですね。身内なのですから、どんどん家の中に入って行くのが普通です。なぜこんなことをしたのかと言うと、「彼は汚れた霊に取りつかれている」（30節）と人々が言っているのを、マリアもイエスさまの兄弟も、本当かもしれないと思い始めていたからのようです。

イエスさまは「わたしの母、わたしの兄弟とはだれか」（33節）と答え、周りに座っている人々を見回して言われました。「見なさい。ここにわたしの母、わたしの兄弟がいる。神の御心を行う人こそ、わたしの兄弟、姉妹、また母なのだ」（34～35節）。

教会では信徒たちはお互いを「兄弟・姉妹」と呼び合います。血のつながった家族の間の親しさとはまた違って、信徒間の愛のつながりは特別です。だから親・兄弟・姉妹たち家族が、みな同じ信仰を持っていたら、それは本当に幸せなことですね。

第4章

1～9節	「種を蒔く人」のたとえ
10～12節	たとえを用いて話す理由
13～20節	「種を蒔く人」のたとえの説明
21～25節	「ともし火」と「秤」のたとえ
26～29節	「成長する種」のたとえ
30～32節	「からし種」のたとえ
33～34節	たとえを用いて語る
35～41節	突風を静める

◆4章1～9節 「種を蒔(ま)く人」のたとえ

イエスさまの周りには、ますますたくさんの人が集まってきました。それでイエスさまは小舟に乗って湖の上から、岸に座っている人々にお話をなさっていました。今日のお話は、神さまのお言葉はどのようにみんなの所に届くのかということです。

初めに話されたのは、種をまく人が種をまくように、神さまの言葉は方々に散らされるのだということです。そのころの農夫は種をつかんで右に左に振りまきました。みなさんが今、畑で野菜の種をまくのとは随分違うでしょう。

結果ははっきりしています。まいている人が思いもしなかったところにも種が飛んでいってしまうのです。道端に飛んでいくもの、石がゴロゴロした土の少ない所に落ちるもの、いばらの茂みに落ちてしまうもの、ちゃんと耕された土の上に落ちるもの、いろいろです。

ではその種はどうなるか。道端に落ちた種は鳥に見つかってたちまち食べられてしまいます。石地に落ちた種はすぐに芽を出すものの、土がないので根を伸ばすことができません。根がなくては水を吸い上げられませんから、日にさらされるとたちまち焼けて枯れてしまいます。いばらの中に落ちたものは、いばらの勢いの方が強いですから、そっちにすっかり栄養を取られ、育つことができません。よく耕された土の上に落ちた種は幸せです。よく根を張り、栄養をいっぱい取り込むことができるので、よく育ち、たくさんの実をつけ、一粒が何倍にもなるのです。

さあ、このたとえで、イエスさまは何をお教えになっているでしょう。その説明が次の節からです。

◆4章10～12節　たとえを用いて話す理由

たくさんの人々が帰ってから、十二人のお弟子さんと、残った人々が、どうしてこういうたとえでお話になるのですかとイエスさまに尋ねました。イエスさまの答えはこうです。

「あなたがたは神の国がどのような者の国かを知っているけれど、それがまだわかっていない人々もいます。多くの人々は、神の国の話を聞くことは聞くのだが、深く心の耳で聞きとることがないので、本当のことがわかりません。自分の心の耳を澄まして聞かないと、神さまの言葉は人にわからないものなのです」

もともとイエスさまは、わたしたちにわかりやすいようにたとえ話をしてくださったのです。でもきちんと聞かなければ、わからなくなります。わたしたちはイエスさまのお言葉に耳を澄ましましょう。

◆4章13～20節　「種を蒔く人」のたとえの説明

イエスさまは弟子たちに「あなたがたはどうだね。このたとえがわからなくては、ほかのたとえもわからないでしょう」と前置きしたうえで、「種を蒔く人は、神の言葉を蒔くのである」（14節）と説明します。教会の牧師さん、教会学校の先生など、人々に聖書のお話をする人々は、神さまの言葉を伝えているのです。何か自分の好きな話、面白い話、ためになる話をしているのではありません。

「道端のもの」（15節）とは、せっかく神さまのお言葉を聞いても、それを聞きっぱなしにしている人で、たちまちサタンが来てそれを奪い取ってしまい、その人には何も残りません。

「石だらけの所に蒔かれるもの」（16節）とは、「御言葉を聞くとすぐ喜んで受け入れるが」、それを心の中に根づかせることができない人です。そして何か難しいことにでくわしたり、迫害にあったりすると、根が成長せず栄養をもらえないままでいるので、困難に負けてしまいます。

「茨の中に蒔かれるもの」（18節）とは、種が根を張り、芽を出して育つ前に、「この世の思い煩(わずら)いや富の誘惑、その他いろいろな欲望が心に入り込み」（19節）、実をつけるまでにいかない。そういう人のことです。

「良い土地に蒔かれたもの」（20節）とは、み言葉を聞いてそれを受け入れ、日々の暮らしの中でそれを実際に活(い)かしていく人のことです。そういう人の心に植え付けられたみ言葉は、「ある者は三十倍、ある者は六十倍、ある者は百倍の実を結ぶ」のです。


神さまの言葉をまく人は、その言葉がどこへまかれるかは、考えなくてもいいのです。この人は神の言葉を受け入れそうだとか、どうもこの人は話してもダメだろうとか、そういうことを考える必要はありません。神の言葉はどんな人の心にもまかれなければなりません。

ですから、み言葉を聞くわたしたちは、み言葉の種が良く育つような心を持てるように祈らなければなりませんね。

◆4章21～25節「ともし火」と「秤(はかり)」のたとえ

次のたとえ話には、ともし火と、はかりが出てきます。

当時のともし火は、浅いお皿に油を入れ、その油にロー ソクの芯(しん)のような糸を浸したものです。お皿の縁(ふち)から芯の先を少し立ち上げておきます。そしてその芯の先に火をつけるのです。炎が小さく、照明器具としては原始的なものです。

でもそういうともし火も、高いところに置けば、遠くまで明かりが届きます。イエスさまが「ともし火を持って来るのは、升の下や寝台の下に置くためだろうか。燭台の上に置くためではないか」（21節）とおっしゃっているとおりです。

神さまのお言葉も、ともし火です。それを語る人は、みんなにそれが伝わるような場所にどんどん出ていきなさい。そうするとそれを聞いた人は、神さまの言葉に照らされて、隠れていた自分の罪が見えてきます。

続く「あなたがたは自分の量る秤で量り与えられ、更にたくさん与えられる。持っている人は更に与えられ、持っていない人は持っているものまでも取り上げられる」（24～25節）。これは、神さまのお言葉を一生懸命、集中して聞きなさいということでしょう。

神さまのお言葉の意味を心に留めることができた度合いによって、その人が受ける恵みも違ってくるのです。しっかり聞き取れた人には、ますます多くの恵みが加わります。でも、いいかげんに聞き流してほとんどその意味を聞き逃している人からは、わずかに心に残っていたものまで取り上げられ、何も残らなくなりますよ、ということです。

だから「聞く耳のある者は聞きなさい」（23節）なのです。よい耳を持てるように、いつもお祈りし続けましょう。

◆4章26～29節「成長する種」のたとえ

さて、そのようにして心に植え付けられた神の言葉は、どのようにして心の中で育っていくのでしょう。

イエスさまは「土はひとりでに実を結ばせるのであり、まず茎、次に穂、そしてその穂には豊かな実ができる」（28節）のだとおっしゃいます。この「ひとりでに」とはどういうことでしょう。

パウロという伝道者はこのことをコリントの信徒への手紙一3章6～7節の中でこういっています。「わたしは植え、アポロは水を注いだ。しかし、成長させてくださったのは神です。ですから、大切なのは、植える者でも水を注ぐ者でもなく、成長させてくださる神です」と。

神さまは植え付けられた種をちゃんと大きく、さらにたくさんの実をつけるまで、お育てになる力をお持ちです。わたしたちが神さまのお言葉をしっかり心に受け取りさえすれば、後は神さまがちゃんと大きく育ててくださいます。わたしたちの目にはその力が見えないだけなのです。

◆4章30〜32節「からし種」のたとえ

次にイエスさまは、神の国がどのようなものかをお話になります。神の国は「からし種のようなものである」（31節）と。みなさんはカナリアや十姉妹（じゅうしまつ）のえさになる粟（あわ）を見たことがあるかもしれません。小さな黄色の粒です。からし種もちょうどあれくらいの小さな粒です。

みなさんは菜の花を知っているでしょう。からし菜は菜の花の仲間です。かなり背が高くなります。収穫されず放りっぱなしになっているからし菜畑を見たことがありますが、冬になるとカラカラに茶色く枯れてしまうので、鳥がたくさん集まってきて、そこをねぐらにし、乾いた莢（さや）をついて種を食べているのです。大きな木のようになるというのは少し大げさですが、聖書に書いてあるとおりだなと思ったことがあります。

神さまの国は天にあるのですが、地上でも神の国の様子を見ることができます。それが教会です。どの教会もできた時には本当に小さかったのです。最初は礼拝にだれも来る人がいなくて、牧師さんが一人きりで礼拝していた。でも、だんだんとイエスさまを救い主と信じる信者が増え、何十人、何百人もの人たちが礼拝をする大きな教会になっていった。そんな例はたくさんあります。このイエスさまのたとえ話のとおりなのです。

◆4章33〜34節　たとえを用いて語る

イエスさまは、「人々の聞く力に応じて、このように多くのたとえで御言葉を語られた」（33節）とあります。

お母さんは赤ちゃんには、はじめお乳を飲ませます。でもだんだん大きくなると、離乳食を食べさせますね。ドロドロして、かまなくてもいいような食べ物です。歯が生えてきて、かむことができるようになったら、大人も食べるようなものを食べさせるでしょう。イエスさまはそれと同じように、集まってくる人々がみ言葉をどれほど受け入れられるか、すぐ見抜かれたのですね。

たとえ話から始め、み言葉を正しく受け入れられるお弟子さんたちには、すべてをきちんとお話になったとマルコは言っています。

◆4章35〜41節　突風を静める

イエスさまが、ガリラヤ湖のほとりで「種を蒔く人のたとえ」をお話しになり、そのたとえの意図を説明してくださった後のことです。

「その日の夕方になって、イエスは、『向こう岸に渡ろう』と弟子たちに言われた」（35節）。まだたくさんの人々が残っていたようですが、弟子たちはイエスさまを舟に乗せたままこぎ出しました。ほかの舟も一緒だったとありますから、イエスさまの追っかけもいたようです。

舟が大分沖に出たところで、突然風が強くなってきました。「舟は波をかぶって、水浸しになるほどであった」（37節）。何人かのお弟子さんたちはこの湖で漁をする漁師でしたから、さすがにこれはまずいと思ったようです。大揺れに揺れる舟でしたが、イエスさまは「艫（とも）の方で枕をして眠っておられ」（38節）ました。「艫」とは舟の後部のことで、そこには左右の舟べりから舟べりに渡した横木があります。その横木を枕に、イエスさまがぐっすりと眠っていらっしゃるではありませんか。

沈みそうな舟の中で、どうしてイエスさまはこんなふうに眠ることがおできになったのでしょうか。それはイエスさまの、父なる神さまへの絶対の信頼があったからに違いありません。

その信頼というのは、「この舟は神さまがお守りになっている。だから絶対に沈むことはない」ということではありません。えっ！　と思うかもしれませんね。

わたしたちが「自分のお祈りは聞かれる」と考える時、実はその「聞かれる」を、自分に良いようになるという意味で使っていませんか。「自分のお祈りはかなえられる」は、自分が願ったようになることだと思っていませんか。それは、自分の願いが一番よいと思っているということですね。神さまが一番よいと思っている、ではありません。イエスさまは「この舟が沈むか、沈まないかは神さまのみ手のうちにある。だから沈むか沈まないかは関係なくて、神さまがお考えになることが一番だ」という意味で、神さまを信頼していたのです。ここはとても大事なことです。

沈みそうに傾く舟におびえた弟子の一人が、「イエスさま、イエスさま、大変ですよ、わ、わたしたちがおぼれてもかまわないのですか」と叫びました。考えてみると舟が転覆したら自分たちだけではなく、イエスさまもおぼれるわけですから、「わたしたちがおぼれてもかまわないのですか」とは随分、自分勝手な言い方ですが、これも人間の本心ですね。

イエスさまはその叫びに目を覚まし、起き上がると、あわてる様子もなく、風を叱り、湖に一言「黙れ。静まれ」（39節）と命じました。「すると、風はやみ、すっかり凪（なぎ）になった」というのです。そしてイエスさまは弟子たちに「なぜ怖がるのか。まだ信じないのか」（40節）とおっしゃいました。

イエスさまがいらっしゃれば、舟が沈もうと助かろうと、自分たちは神さまのお心のままなのだということを、弟子たちは信じていない。それをビシッとお叱りになったのでしょう。弟子たちは毎日イエスさまと暮らしているのに、そしてイエスさまの癒やしのわざを見て、お話を聞き続けているのに、まだイエスさまを信じられないでいました。

ずーっと後になって、キリストの教会ができて以来、教会員は何度も何度も繰り返してこの出来事を思い出し、戒めとしてきました。教会もこの世にある限り、いろいろ難しいことに出くわします。そうなるとしばしば、会員たちはあわてふためいて、祈ることを忘れ、何とか自分たちの知恵を絞って教会を守ろうとしがちです。教会はイエスさまがお乗りになった舟です。このことを決して忘れないようにしたいですね。

第5章

1～20節　悪霊に取りつかれたゲラサの人をいやす
21～34節　ヤイロの娘とイエスの服に触れる女 Ⅰ
35～43節　ヤイロの娘とイエスの服に触れる女 Ⅱ

◆5章1～20節　悪霊に取りつかれたゲラサの人をいやす

「一行は、湖の向こう岸にあるゲラサ人の地方に着いた」（1節）。聖書地図を見ると、ゲラサはガリラヤ湖の南東にある異邦人の土地です。でも湖から遠すぎます。そこでマタイによる福音書は「ガダラ」としています（8章28節）。それでもまだ湖から距離があるので、カファルナウムの対岸にあるゲルゲサではないかという説もあります。詳細は不明ですが、湖の近くで起きた出来事なのでしょう。

「イエスが舟から上がられるとすぐに、汚れた霊に取りつかれた人が墓場からやって来た」（2節）と話は始まります。この汚れた霊に取りつかれた人は、イエスさまがいらっしゃるという話を耳にして、今か今かと待ちかねていたようです。というのは、この人は汚れた者と見なされ、自分の家にいられなくなったばかりか、地域社会の他の人との交わりをすっかり断たれていたからです。

人は他の人と一緒にいることで、生きていく力を得ています。東日本大震災で家を失い、しかたなく国や町が備えた仮設住宅に移らなくてはならなかった方々がたくさんいます。特にお年寄りは、今まで周りにいた人と切り離され、話し相手がいなくなって元気をなくし、体の具合まで悪くなって、寂しく亡くなってしまう、といった悲しい話をわたしたちもよく聞きました。

汚れた霊に取りつかれた人は、「汚れている」という理由で生活の場を追い出され、「墓場を住まい」（3節）としていました。この人は、遠くからイエスさまを認めて、駆け寄ってきたのですが、口から出た言葉は「いと高き神の子イエス、かまわないでくれ。後生だから、苦しめないでほしい」（7節）でした。これは、その人の中に取りついた悪霊の叫びだったのでしょう。

悪霊が一番苦手なのは「神」です。ですから神が近づいてくるのはとんでもない話。思わず叫び出したのでしょう。

イエスさまが汚れた霊に「名は何というのか」（9節）とお尋ねになると、霊は「名はレギオン。大勢だから」と答えました。レギオンというのはローマの軍団のことで、三千人から六千人もいる兵士の部隊のことです。大変な数ですね。悪霊の力が、それほど強力であることを示しているのかもしれません。でもその霊が今、イエスさまに「自分たちをこの地方から追い出さないように」（10節）としきりに願ったのです。

しかしイエスさまが、このまま放っておくはずはありません。それではこの人はいつまでも、親しい人と交わることができず、人間らしい生活を失ったままです。

ここに不思議なことが起こりました。豚の大群がいたのです。霊はイエスさまに、自分たちをあの豚に乗り移らせてくれと頼みます。「イエスがお許しになったので、汚れた霊どもは出て、豚の中に入った。すると、二千匹ほどの豚の群れが崖を下って湖になだれ込み、湖の中で次々とおぼれ死んだ」（13節）。すごいありさまだったでしょうね。

イエスさまは、どうしてもこの人にもう一度、生き生きとした神さまとの交わり、そして隣人との交わりを持たせてあげたかったのです。

こうして汚れた霊から解放されたこの人は、イエスさまについていきたい、弟子にしてほしいと願います。でもイエスさまはそれを許さないで、自分の家に帰って「主があなたを憐れみ、あなたにしてくださったことをことごとく知らせなさい」（19節）と命じました。

こうして福音は、ユダヤ以外の土地にもますます広がっていったのです。

◆5章21～34節　ヤイロの娘とイエスの服に触れる女 I

5章21～43節には、ヤイロの娘の物語（21～24節前半、35～43節）と、出血の止まらない女性の物語（25～34節）の二つが含まれています。最初の物語が次の物語をはさみこむ、サンドイッチのような構造です。

イエスさまが「舟に乗って再び向こう岸に渡られ」（21節）ました。するとやはり大勢の人々がイエスさまを目ざしてやってきました。ガリラヤ湖のほとりでのことです。会堂長のヤイロもその一人。その人がイエスさまの足元にひれ伏し、お願いしたのです。「わたしの幼い娘が死にそうです。どうか、おいでになって手を置いてやってください。そうすれば、娘は助かり、生きるでしょう」（23節）。

そこでイエスさまがヤイロの家へと向かい始めると、人々もその後についてゾロゾロと歩き始めました。

その中に「十二年間も出血の止まらない女」（25節）がいました。長い間の苦しみです。小学校一年生が、高等学校を卒業するまでの長さです。もちろんお医者さんにもかかりました。でもどのお医者さんもお手上げでした。あっちのお医者さん、こっちのお医者さんと渡り歩いて、財産全部を使い果たし、もう何の望みも持てなくなっていました。ところがイエスさまがいらっしゃるとのうわさを耳にしました。たくさんの人々がつらい病気を治していただいたというのです。

もうこの方にお願いするしかない。すがるような思いでやってきましたが、イエスさまはすごい数の人々に囲まれて、近づくことも難しかったのです。その人たちを押し分けかき分け、もう少しでイエスさまに手が届きそうなところまで来ました。あとちょっと！　グーッと伸ばしたその手の先に、イエスさまの着ていらっしゃる着物のどこかがさわりました。「すると、すぐ出血が全く止まって病気がいやされたことを体に感じた」（29節）のです。

一方イエスさまは、「自分の内から力が出て行ったことに気づいて、群衆の中で振り返り、『わたしの服に触れたのはだれか』と言われ」（30節）ました。たくさんの人々があなたに押し迫ってくるのですから、だれかなんてわかりません、と周りの人は言います。それでもイエスさまはなお捜されました。

すると一人の女性が「自分の身に起こったことを知って恐ろしくなり、震えながら進み出てひれ伏し、すべてをありのまま話した」（33節）のです。その様子をご覧になったイエスさまは静かにおっしゃいます。「娘よ、あなたの信仰があなたを救った。安心して行きなさい。もうその病気にかからず、元気に暮らしなさい」（34節）。

その女の人は、イエスさまには神の力がおありだと信じて、必死で手を伸ばしたのですね。

ヘブライ人への手紙に「信仰とは、望んでいる事柄を確信し、見えない事実を確認することです」（11章1節）と書いてあります。この女性には、この意味での信仰がありました。そして実はこの信仰は、自分の努力で持てるのではなく、神さまがくださるものなのです。

◆5章35～43節　ヤイロの娘とイエスの服に触れる女Ⅱ

出血の止まらなかった女性を癒やしたイエスさまが、まだ話しておられる時に、使いの者がやってきます。会堂長ヤイロの家からでした。

使いの者が言います、「お嬢さんは亡くなりました。もう、先生を煩わすには及ばないでしょう」（35節）。先生はお忙しいのだ。もう死んだ娘のことで、わざわざうちまで来ていただくのは申し訳ない。病気を癒やされる方だとは聞いていたけれど、死んでしまったものはもう生き返ることはない、そう思うのはもっともです。イエスさまの病気を癒やす力がどこから来るのか知らなかったら、だれだってそう思うでしょう。

でもイエスさまはその話をそばで聞いていて、「恐れることはない。ただ信じなさい」（36節）と会堂長に言われました。何を信じなさいとおっしゃったのでしょう。それは後ではっきりしてきます。

そして、イエスさまは会堂長の家に向かいます。その時、一緒に行くことを許されたのは「ペトロ、ヤコブ、またヤコブの兄弟ヨハネ」（37節）だけでした。イエスさまはこの三人をとても信頼なさっていたのでしょう。これから起こることを、この三人ならわかるはずだと思われたのではないでしょうか。

さて、一同が会堂長の家に着いてみると、人々が大声で泣き叫び、騒いでいました。そういう人々をかき分けて、イエスさまと三人の弟子たちは会堂長の家に入りました。そしてイエスさまは「なぜ、泣き騒ぐのか。子供は死んだのではない。眠っているのだ」（39節）とおっしゃり、泣き騒ぐ人々を家の外に出し、子どもの両親と弟子だけで、横たわっている子どものわきにお立ちになりました。

人々はイエスさまをあざ笑いました。もう死んでいるんだ。どうにもできるはずがない、「眠っているのだ」なんて馬鹿なこと言って……。そう思ったのでしょう。

イエスさまは子どもの手を取ると、いつもお使いになっているアラム語で、「タリタ、クム」（41節）とおっしゃいました。それは「少女よ、わたしはあなたに言う。起きなさい」という意味でした。すると何と、少女はパチリと目を開け、「すぐに起き上がって、歩きだした。もう十二歳になっていたからである」（42節）とマルコは書いています。

さっきから「馬鹿なこと言ってるんじゃないよ」などとイエスさまをあざけっていた人々はビックリしました。マルコはこのことを書き記した後、イエスさまは「このことをだれにも知らせないようにと厳しく命じ」た（43節）と付け加えています。

この「このことをだれにも知らせないように」という表現は、イエスさまが神さまの力をお持ちの方であることを、弟子たちにハッキリお見せになった時に使われる言い方です。イエスさまこそ救い主だと人々がわかるのはまだ先のことだ、今はその時ではない、ということでしょう。

第6章

1～6節	ナザレで受け入れられない
6～13節	十二人を派遣する
14～29節	洗礼者ヨハネ、殺される
30～44節	五千人に食べ物を与える
45～52節	湖の上を歩く
53～56節	ゲネサレトで病人をいやす

◆6章1～6節　ナザレで受け入れられない

イエスさまは弟子たちと一緒に、故郷のナザレにお帰りになりました。安息日に会堂で礼拝をなさったのですが、イエスさまのお話を聞いた人々は「この人は、このようなことをどこから得たのだろう。この人が授かった知恵と、その手で行われるこのような奇跡はいったい何か」（2節）と不思議に思ったのです。それは当然かもしれません。

故郷の人々にとってイエスさまは「大工ではないか。マリアの息子で、ヤコブ、ヨセ、ユダ、シモンの兄弟ではないか……」（3節）。自分のよく知っている人がこんなすばらしい話をし、すばらしい奇跡をするなんて、信じられないというわけです。知りすぎているということは、真実を見えなくしてしまうことがあるのです。不幸なことですね。

イエスさまは、「預言者が敬われないのは、自分の故郷、親戚や家族の間だけである」（4節）と言われます。そして実際ナザレでは、「ごくわずかの病人に手を置いていやされただけで、そのほかは何も奇跡を行うことがおできにならなかった」(5節)のです。

イエスさまが一番愛している人たちが、イエスさまを信じないとは、どんなに残念なことだったでしょう。でもこれが人間なのですね。

◆6章6〜13節　十二人を派遣する

イエスさまはナザレの周りの村を巡り歩き、神さまのお話をなさいました。そこに十二人のお弟子さんも参加します。このお弟子さんたちは3章に書いてあった、イエスさまが伝道に遣わす見込みがあると思われた人たちでした。この人たちを「二人ずつ組にして」(7節)、伝道旅行に出すことになさったのです。この二人ずつ組にしたというのは、なるほどと思います。伝道は独りよがりになってはいけないのです。お互いに助け合い、祈り合って伝道しなさいということでしょう。

イエスさまはこのお弟子さんたちに、「旅には杖一本のほか何も持たず、パンも、袋も、また帯の中に金も持たず、ただ履物は履くように、そして『下着は二枚着てはならない』と命じ」(8〜9節)ました。これは伝道の心がけを示す大切な言葉のように思います。使徒言行録3章6節で、ペトロが足の不自由な人に言った言葉、「わたしには金や銀はないが、持っているものをあげよう。ナザレの人イエス・キリストの名によって立ち上がり、歩きなさい」を思い出すのです。

伝道はわたしたちの思いや力ではできません。イエス・キリストのお力だけを身に着けていればいいのです。弟子たちに授けられた、「汚れた霊に対する権能」(7節)がイエスさまのお力です。これがあれば他に何もいりません。

杖一本だけとあります。杖は歩く助けをします。また当時の旅には野獣と出会うことたびたびでしたから、その時に身を守るものでした。要するに、イエスさまのお力をいただけば、あとは自分の身を守る最小限のものがあればいい。そういうことなのです。

「どこでも、ある家に入ったら、その土地から旅立つときまで、その家にとどまりなさい」(10節)は、しっかり腰を据えて伝道しなさいということでしょう。

そして11節には、話を聞かない人々のところは「足の裏の埃」を払って立ち去るようにあります。これは、あなたがたにお話しするのもこれでおしまいです、という印です。

こうして遣わされたお弟子さんたちは「出かけて行って、悔い改めさせるために宣教した。そして、多くの悪霊を追い出し、油を塗って多くの病人をいやした」（12～13節）のです。

◆6章14～29節　洗礼者ヨハネ、殺される

1章7節で「わたしよりも優れた方が、後から来られる。わたしは、かがんでその方の履物のひもを解く値打ちもない」と言ってイエスさまを指し示したヨハネは、時の領主ヘロデの罪を鋭く指摘しました。ヘロデは、それを根に持ってヨハネを捕らえ、とうとうヨハネの首をはねて殺してしまうのです。

イエスさまの教え、癒やしの話がどんどん広がって、イエスさまのことを「洗礼者ヨハネが死者の中から生き返ったのだ。だから、奇跡を行う力が彼に働いている」（14節）と人々がうわさし始めます。それがヘロデの耳にも入ってくるようになりました。それを聞いてヘロデは、すっかりびくびくしていたのです。

ヘロデのヨハネ殺害がどんなふうに行われたか。それがここに書かれています。

ヘロデはヨハネを牢につないだものの、たくさんの人々がヨハネをとても尊敬していたので、殺すチャンスがありません。ところがその時は思わない形でやってきたのです。「ヘロデが、自分の誕生日の祝いに高官や将校、ガリラヤの有力者などを招いて宴会を催す」（21節）こととなりました。その宴会の席に娘（聖書にはその名前は出てきません。イギリスの作家オスカー・ワイルドの書いた戯曲では「サロメ」という名になっています）が入ってきたのです。

それはどうもヘロデの妻ヘロディアが陰で指図したように思えます。娘は踊りをおどって、お客さんたちを喜ばせました。喝采を浴びた娘をヘロデはそばに呼び寄せ、「欲しいものがあれば何でも言いなさい。お前にやろう……お前が願うなら、この国の半分でもやろう」（22～23節）と

まで言ったのです。

娘は母親のヘロディアの所にいって、「ねえ、お母様、何を願ったらいいかしら？」と聞きます。かねてからヘロデがうじうじして、なかなかヨハネを殺さないのに腹を立てていた妻のヘロディアは、チャンスとばかり、「洗礼者ヨハネの首をって言いなさい」と娘にささやきました。

娘はすぐ王の所に行き、「今すぐに洗礼者ヨハネの首を盆に載せて、いただきとうございます」（25節）と願いました。王はこれは困ったと思いましたが、大勢の人の目があります。仕方なく娘の言うとおりにしました。

こういうことがあったので、ヘロデは「ヨハネ」と聞くと、あれが生き返って出てきたら……とびくびくしていたのです。

洗礼者ヨハネは「悔い改めてしっかり神さまの言葉に聞き従いなさい」と言って、イエスさま出現の道備えをしました。今や、ヨハネの働きは終わり、イエスさまが神さまの言葉を人々に伝える時が本格的に訪れました。

◆6章30～44節　五千人に食べ物を与える

マルコは、洗礼者ヨハネが殺されたいきさつを記録したうえで、いよいよイエスさまの宣教が本格化していくことを記します。

伝道のため、汚れた霊に対する権能を授けられて、二人一組で出発した弟子たち（6章7節）は「イエスのところに集まって来て、自分たちが行ったことや教えたことを残らず報告し」（30節）ました。弟子たちには満足できる伝道旅行だったようです。彼らにイエスさまは、「さあ、あなたがただけで人里離れた所へ行って、しばらく休むがよい」（31節）とおっしゃり、弟子たちの労をいたわられました。そうおっしゃるほどにイエスさまの後を追って集まってくる人が多く、ご飯を食べる暇もなかったのです。

そこでイエスさまとお弟子さんたちは舟に乗って、人の来ないところへ行きました。ところがそれを知った人々は、岸辺を走って追ってきたのです。

そこには大きな問題がありました。人々は、神さまの言葉をしっかり聴くことよりも、イエスさまに自分たちの病気を治してもらいたい、自分たちの暮らしを豊かにしてくれる王さまになってほしいと望んで集まって来ていたようでした。イエスさまはそのことを、ちゃんとわかっていらっしゃいました。それでもイエスさまは、「舟から上がり、大勢の群衆を見て、飼い主のいない羊のような有様を深く憐れみ、いろいろと教え始められた」（34節）のです。

大分時間もたちました。ハラハラしながらこの様子を見ていた弟子たちは、食事の心配をして、「人々を解散させてください」（36節）と願います。それに対してイエスさまは弟子たちに、「あなたがたが彼らに食べ物を与えなさい」（37節）とおっしゃるではありませんか。弟子たちはビックリ。何しろ周りは何もないのです。

そんな弟子たちに、イエスさまは「パンは幾つあるのか。見て来なさい」（38節）とおっしゃるので、仕方ありません、人々の間を回って探してみました。そして「五つあります。それに魚が二匹です」と答えました。そしてイエスさまの命じるとおりに、人々を百人、五十人ずつまとめて座らせました。

続いてイエスさまはどうなさったか。「五つのパンと二匹の魚を取り、天を仰いで賛美の祈りを唱え、パンを裂いて、弟子たちに渡しては配らせ、二匹の魚も皆に分配された」（41節）。すると、なんと五千人もの人々がこれを食べて満腹になったのです。

「あなたがたが彼らに食べ物を与えなさい」は、後になればなるほど、弟子たちの間で忘れられない言葉となっていきました。杖一本のほかは何も持っていくなと言われて出かけた伝道旅行。実はその旅行の最中も、イエスさまがいつも一緒にいて助けてくださいました。そのうえでイエスさまは、「あなたがたが食べ物を与えなさい」とおっしゃったのです。そんなの無理だと思ってしまったお弟子さんたちでしたが、この出来事を通して、イエスさまが一緒なら不可能はないと再び知らされました。

人々が百人、五十人と組になって座った様子は、今考えると現代、各地に広がった教会の姿に見えます。一つ一つの教会はイエスさまの祝福を受け、天のパンをいただき、みんなで分け合っているじゃありませんか。

◆6章45〜52節　湖の上を歩く

イエスさまは弟子たちを舟に乗せて向こう岸のベトサイダへと向かわせ、ご自分は一人残って人々を解散させました。そして「祈るために山へ」（46節）行かれました。イエスさまは大事なことが起きると、一人静かに山で、父である神さまとお話しなさることが度々ありました。

今回なぜ祈る時を持たれたかというと、多分イエスさまの周りに集まってくるたくさんの人々が、神の国を望むより、今の自分の生活のことしか考えられず、ただイエスさまに恵み深い王様になってほしくて集まってくる、そういう心がだんだん見えてきたからでしょう。

ヨハネによる福音書にはこうあります。「はっきり言っておく。あなたがたがわたしを捜しているのは、しるしを見たからではなく、パンを食べて満腹したからだ。朽ちる食べ物のためではなく、いつまでもなくならないで、永遠の命に至る食べ物のために働きなさい。これこそ、人の子があなたがたに与える食べ物である」（6章26〜27節）。

この世の人気や権力は、サタンがわたしたちをおびきよせるための餌（えさ）です。この誘惑に負けないように、イエスさまは神さまのお力を願われたのでしょう。

ところで先に小舟でベトサイダに向かった弟子たちは、どうしたでしょう。小舟が沖に差しかかると急に向かい風が強くなってきて、こいでも、こいでも進まなくなってしまいました。

イエスさまは山の上からこの様子を見ていらっしゃいましたが、夜が明けて周りが見えるようになってきた時に、「湖の上を歩いて弟子たちのところに行き」（48節）、こぎ悩んでいる舟を通り過ぎようとされたのです。弟子たちは水の上を歩いているイエスさまを見て、幽霊だと思い、ギャア〜！と大声で叫びました。その弟子たちにイエスさまは「安心しなさい。わたしだ。恐れることはない」（50節）とおっしゃいました。

実はこの「わたしだ」がとても大事なのです。旧約聖書でモーセが神さまに初めて出会った時、「あなたは何というお名前ですか」と神さまに聞いたことがありました。その際、神さまが「わたしはある」という名前だとお答えになりました（出エジプト記3章14節）。この「わたしはある」と、今日の聖書の「わたしだ」は同じ意味です。

弟子たちは神さまであるイエスさまが、いつも自分たちと一緒にいらっしゃることを、まるで忘れていたのです。その弟子たちに、イエスさまは「わたしはある、わたしだ」と教えてくださったのでした。

湖を歩いてきたイエスさまが舟に乗り込まれると、風は静まりました。「弟子たちは心の中で非常に驚いた。パンの出来事を理解せず、心が鈍くなっていたからである」（51〜52節）。イエスさまが五千人もの人にパンと魚をお分けになって、みんなを満足させた力がどこから来たのかが、弟子たちにはまだわかっていなかったのです。その同じ力でイエスさまは今、風を静めてくださったのでした。

わたしたちも神さまのお言葉を聞く時は、いつも祈って、そのみ言葉がわかるように澄んだ心をお与えくださいと、お願いしましょう。

◆6章53〜56節　ゲネサレトで病人をいやす

ゲネサレトはガリラヤ湖北西地方です。ここにイエスさま一行が到着すると、人々が押し寄せてきました。「人々はイエスと知って、その地方をくまなく走り回り」（54〜55節）とありますから、人々がとても熱心にイエスさまの癒やしを求めたことがわかります。

イエスさまはここでも人々を癒やしてくださったのですが、そこに働いている神さまの力に人々は気づいたでしょうか。奇跡だけに目を奪われている時、人は信仰に導かれません。わたしたちは恵みの後ろにおられる神さまに、心を寄せたいと思います。

第7章

1～23節　昔の人の言い伝え
24～30節　シリア・フェニキアの女の信仰
31～37節　耳が聞こえず舌の回らない人をいやす

◆7章1～23節　昔の人の言い伝え

「ファリサイ派の人々と数人の律法学者たちが、エルサレムから来て、イエスのもとに集まった」（1節）

ファリサイ派というのは分離派とでも言ったらいいでしょうか。自分たちは律法をきっちり守っている、他の人たちとは違うのだという誇りを持っていたグループで、やたらにまじめな人たちでした。ユダヤ教にはほかにサドカイ派というのもあって、この二派がユダヤ教の指導者層でした。

そのファリサイ派は昔の人の言い伝えを固く守って、念入りに手を洗ってからでないと食事をしませんでした。しかしイエスさまの弟子たちの中に、「汚れた手、つまり洗わない手」（2節）で食事をする者がいるのを見たのです。イエスさまたちが泥だらけの手で食事をなさっていたわけではないでしょう。ただファリサイ派の人たちのようにはしていなかったということだと思います。でも彼らにとっては、これはイエスさまに難癖をつけるのに格好の口実でした。

そこで、ファリサイ派の人々と律法学者たちがイエスさまに尋ねます。「なぜ、あなたの弟子たちは昔の人の言い伝えに従って歩まず、汚れた手で食事をするのですか」（5節）。

イエスさまはこの質問に、イザヤ書29章13節にある言葉を借りて次のようにお答えになります。「この民は口先ではわたしを敬うが、その心はわたしから遠く離れている。人間の戒めを教えとしておしえ、むなしくわたしをあがめている」（6〜7節）と。

ここで「わたし」というのは、神さまのことです。実にファリサイ派の人々の考え方、生活態度に対しての痛烈な批判でした。彼らの問題は、神の掟に従っていると言いながら、実際は自分たち人間が作った掟に生きていることでした。

「モーセは、『父と母を敬え』と言い」（10節）というのは、みなさんもよく知っている十戒の後半にある「あなたの父母を敬え」という戒めです。この戒めがありながら、「この品物はコルバン、つまり神への供え物です」と言いさえすれば、本当ならお父さん、お母さんに渡すはずのものでも、もう渡さなくてもいいという習慣を、当時の人々は作っていました。人間の都合で、聖書の言葉をねじ曲げていたのですね。

これが言い伝えの正体です。こういうことをして、神さまの言葉の本当の意味を、すっかりどこかへやってしまっているのです。

続けて、イエスさまが群衆に、そして弟子たちに告げたのは、人を汚すのは、「外から人の体に入るもの」（15節）ではなくて、「人の中から出て来るもの」だ、ということでした。手の汚れよりも、もっと気をつけるべきことがあるのです。

イエスさまは、弟子たちにこうおっしゃいました。「人から出て来るものこそ、人を汚す。中から、つまり人間の心から、悪い思いが出て来るからである。みだらな行い、盗み、殺意、姦淫、貪欲、悪意、詐欺、好色、ねたみ、悪口、傲慢、無分別など、これらの悪はみな中から出て来て、人を汚すのである」（20〜23節）。

人の心の中には、こうした悪いものがいっぱい詰まっています。それはファリサイ派の人だけの話ではありません。わたしたちのことなのです。これに気づかないといけません。この悪い心を持った自分をイエスさまが愛してくださり、イエスさまのそばに来るように呼んでいらっしゃる。そのことに気づきましょう。

◆7章24～30節　シリア・フェニキアの女の信仰

シリア・フェニキアはイエスさまからすると外国です。新共同訳聖書の巻末にある地図6「新約時代のパレスチナ」で確かめましょう。ガリラヤの西にあるのがフェニキア、さらにその西に地中海があります。ティルスはフェニキアの中にある、地中海に面した町です。

「イエスはそこを立ち去って、ティルスの地方に行かれた。ある家に入り、だれにも知られたくないと思っておられた」(24節)とあります。ファリサイ派の人々、学者たちのイエスさまに対する攻撃がだんだん激しくなってきたので、イエスさまは少し静かな時を持ちたいと思われたのかもしれません。でも、そういうわけにはいきませんでした。イエスさまの評判は外国にまで届いていたのです。

「汚れた霊に取りつかれた幼い娘を持つ女が、すぐにイエスのことを聞きつけ、来てその足もとにひれ伏した」(25節)。ひれ伏したとありますから、この女の人はイエスさまが普通の人とは違って、尊い方なのだと気づいていたのでしょう。娘が悪霊に取りつかれ、何とか助けられないかと苦しんでいたのです。

この女性の願いをお聞きになったイエスさまは言われました。「まず、子供たちに十分食べさせなければならない。子供たちのパンを取って、小犬にやってはいけない」(27節)。

これはどういうことなのでしょう、イエスさまはユダヤ人です。そして仲間のユダヤ人たちを、もう一度神さまに立ち帰らせることこそが、神さまから与えられたご自分の第一の使命だと思っていらっしゃいました。それを「子供たちに十分食べさせなければならない」という言い方でおっしゃっているのです。それがまだできていないのに、外国人のあなたに神さまの恵みを先にあげることは許されてはいないのです、とお伝えになりました。

するとその女の人はこう言いました。「主よ」（28節）と。先生じゃなかったのです、「主よ」です。

この外国の女の人は、なかなか神さまのお言葉に耳を貸さないユダヤ人たちとは違っていました。そしてこう言いました。「しかし、食卓の下の小犬も、子供のパン屑はいただきます」（28節）。わたしはおこぼれでも十分です、ということです。

この信仰をイエスさまはしっかり受け止められました。そして一言、「それほど言うなら、よろしい。家に帰りなさい」（29節）。もう大丈夫。悪霊は娘さんから出てしまったよ。イエスさまからそう言われると、この女の人は、娘がそこにいたわけではなかったのに、そのお言葉を信じました。そして家に帰ると、確かに娘から悪霊は出てしまっていました。

ヘブライ人への手紙11章1～2節に「信仰とは、望んでいる事柄を確信し、見えない事実を確認することです。昔の人たちは、この信仰のゆえに神に認められました」とあります。信仰とはそういうものです。

◆7章31～37節　耳が聞こえず舌の回らない人をいやす

耳の不自由な人がみんなと一緒に暮らすのがどんなにたいへんか、みなさん気がついているでしょうか。わたしたちは耳から入ってきた言葉でほかの人の考えや、いろいろな情報を知ることができます。しかし耳が聞こえないと、これらのことが難しいのです。言葉が聞こえないと、言葉を覚えることも、話し方を覚えることもたいへんです。つまり他の人とつながることが難しいのです。どれほどつらいことでしょう。

「イエスはティルスの地方を去り、シドンを経てデカポリス地方を通り抜け、ガリラヤ湖へやって来られた」（31節）とあります。地図を見ると、ティルスからシドンは海岸沿いに北に進みます。デカポリスはガリラヤ湖の東側に広がる地方ですから、たいへんな大回りをなさって、ガリラヤへやって来られたのです。

すると「人々は耳が聞こえず舌の回らない人を連れて来

て、その上に手を置いてくださるように」(32節)と願いました。耳の聞こえない人は、イエスさまがいらっしゃったという噂も聞こえなかったでしょう。その人を助けたいというお友だちがいたのは、ありがたいことでした。

そこで、イエスさまは「この人だけを群衆の中から連れ出し、指をその両耳に差し入れ、それから唾(つば)をつけてその舌に触れられた。そして、天を仰いで深く息をつき」ました(33～34節)。「深く息をつき」という言葉で、イエスさまがどんなに深く、この人を憐れまれたかが伝わってくる気がします。そして「天を仰いで」、ご自分の力に頼るのではなく、神さまにお願いなさったのでしょう。

続いて、イエスさまは「エッファタ」、日本語にすれば「開け」とおっしゃいました。すると、たちまちこの人の「耳が開き、舌のもつれが解け、はっきり話すことができるようになった」(35節)のです。

「話すことができるようになった」ということは、自分が聞いた神さまの言葉をほかの人にも伝えられるようになったということですね。この人はどんなにか、自分の身に起きたすばらしい出来事を話したかったでしょう。でもなぜかイエスさまは「だれにもこのことを話してはいけない、と口止めをされた。しかし、イエスが口止めをされればされるほど、人々はかえってますます言い広めた」(36節)のです。

いつも不思議に思うのですが、イエスさまは不思議なわざで人々を癒やした後、何度もこういう口止めをなさっています。これは不思議なわざを見たり聞いたりしただけでは、人は信仰を持つことができないからではないかと思います。

でも、人々が本当に信仰を持てるようになる時がいずれ来ます。信仰は、助け主である聖霊の働きがあって初めて持つことができるのですが、まだその時が来ていなかったのです。

第8章

1～10節	四千人に食べ物を与える
11～13節	人々はしるしを欲しがる
14～21節	ファリサイ派の人々とヘロデのパン種
22～26節	ベトサイダで盲人をいやす
27～30節	ペトロ、信仰を言い表す
31～38節	イエス、死と復活を予告する Ⅰ

◆8章1～10節　四千人に食べ物を与える

あれ、これ前に読んだことあるよ。そう思った人いるでしょう。

6章30節以下に「五千人に食べ物を与える」という記事がありましたね。その時おなかいっぱいになったのはユダヤの人たちでした。多分ガリラヤであった出来事でしょう。今度の出来事はガリラヤ湖の南東、異邦人の住むデカポリス地方で起きたように読み取れます。

デカポリス地方でもイエスさまの評判が広まっていたのでしょう。病を癒やしてもらいに、あるいはお話を聞くために、たくさんの人々がイエスさまの所に押し寄せてきます。多くの人々に囲まれて、三日がたちました（2節）。

イエスさまは「空腹のまま家に帰らせると、途中で疲れきってしまうだろう。中には遠くから来ている者もいる」（3節）とおっしゃいます。6章34節の言葉を借りれば、イエスさまは、「飼い主のいない羊のような有様を深く憐れ」まれたのです。それは神の言葉から遠く離れた者たちの姿でした。

ところが弟子たちは答えました。「こんな人里離れた所で、いったいどこからパンを手に入れて、これだけの人に十分食べさせることができるでしょうか」（4節）。

弟子たちは五千人もの人々がわずかなパンと魚で満腹したあの出来事を忘れてしまったのでしょうか。ここを読むと、そこが本当に不思議です。みなさんは、どうお思いですか。

でもイエスさまは、弟子たちにもう一度尋ねてくださいます。「パンは幾つあるか」。弟子たちが「七つあります」と答え、そのパンを持ってくると、イエスさまはパンを取り、感謝の祈りを唱えてこれを裂き、人々に配るようにと弟子たちにお渡しになりました。また小さい魚も少しあったので、賛美の祈りを唱えて、それも配るようにと言われました。「人々は食べて満腹したが、残ったパンの屑を集めると、七籠になった。およそ四千人の人がいた」（8～9節）とマルコは記しています。

この話を読む時、「もしかしたら、わたしたちも聖書からたくさんのことを学びながら、それが自分の心にまるで残っていないことが、しばしばあるのではないか」と反省するのです。

◆8章11～13節　人々はしるしを欲しがる

「ファリサイ派の人々が来て、イエスを試そうとして、天からのしるしを求め、議論をしかけた」（11節）。「しるし」というのは、イエスさまがお持ちの神の力が、目に見えて現される出来事のことです。つまりイエスさまがおできになる奇跡のわざです。

ファリサイ派の人々はイエスさまのなさる不思議なわざを見ても、これは神のわざだ、という信仰を持つことは全くなかったのです。それは多分、すごく勉強家であった彼らは、自分の知識が一番正しいと思い込んでいたからでしょう。

だからイエスさまは深く嘆いて言われました。「どうして、今の時代の者たちはしるしを欲しがるのだろう。はっきり言っておく。今の時代の者たちには、決してしるしは与えられない」（12節）。自分の心を空にして神さまのお力を受け入れないところには、決して奇跡は起きません、とおっしゃっているのです。

◆8章14～21節　ファリサイ派の人々とヘロデのパン種

パン種とは酵母菌のことです。パン生地に混ぜると、菌が炭酸ガスを発生させてパン生地が膨れます。これは良い利用法ですが、菌の中には悪い菌もあるわけで、これが混ざると全体を腐らせてしまいます。イエスさまがおっしゃっている「ファリサイ派の人々のパン種とヘロデのパン種」（15節）は、この悪い方の例です。

ところで、ファリサイ派とヘロデはどう違ったのでしょう。ファリサイ派の人たちは律法をしっかり守っていましたが、実はそれは形の上だけでした。彼らはいかにも神さまに忠実に生活しているかのように振る舞い、絶えず人の目を気にしていました。こういうのを偽善と言いますね。神さまの目を恐れるのでなく、人の目を気にして形だけ整えていたのです。

ヘロデの方はどうだったかというと、この人は王ですから国民を導いていく役割を持っています。でもヘロデは、こう導くのが正しいというのでなく、国民が喜んでくれるような導き方をしたそうです。人気が出るような導き方をしたのです。人目を気にするという点でファリサイ派と同じでした。

イエスさまは、こういう生き方を自分たちの中で許してしまうと、自分たちの中に腐敗が広がってダメになってしまいますよ、とおっしゃっているのです。

でも、気を付けなさいと言われた時、弟子たちはそれを「自分たちがパンを持っていないからなのだ」（16節）と勘違いしてしまいます。それで弟子たちに「まだ、分からないのでしょう。イエスさまはがっかりなさったのでしょう。それで弟子たちに「まだ、分からないのか。悟らないのか。心がかたくなになっているのか。目があっても見えないのか。耳があっても聞こえないのか」（17～18節）と問いただします。

そして「五千人に五つのパンを裂いたとき」（19節）と「七つのパンを四千人に裂いたとき」（20節）のことを思い

出しなさい、とおっしゃるのです。さあ、みなさんはわかりましたか。

わずかなパンであんなにたくさんの人を養うことができたのは、何の力が働いたからでしょう。それはどういう「パン種」だったのでしょう。

五千人が五つのパンと二匹の魚で養われた出来事をお話しした際、最後に、それは今、世界中に散らばっている教会を思わせると書いたことを思い出してください（本書47ページ参照）。人々を腐らせるパン種と、人々を生かし、神の言葉を伝える群れを育てるパン種。教会につながっているわたしたちの選ぶべきパン種がどちらかは、決まっていますね。

◆8章22〜26節　ベトサイダで盲人をいやす

デカポリス地方でイエスさまは四千人もの人々をわずかなパンと魚で養われた後、舟に乗って「ダルマヌタの地方」（10節）にいらっしゃって、そこで「パン種に気をつけなさい」というお話をなさったようです。

続いて22節に「一行はベトサイダに着いた」とありますから、またガリラヤ湖北端の町に戻っていらっしゃったのです。イエスさまの伝道の生涯は本当に旅から旅。マタイによる福音書8章20節に「狐（きつね）には穴があり、空の鳥には巣がある。だが、人の子には枕する所もない」と書いてありますが、そのとおりだったのでしょう。神さまのお言葉に従わない人々が、何とか神さまの方を向いて暮らすようになってもらいたい、その一心でイエスさまは旅を続けられました。

さてこのベトサイダの町にお着きになると、人々に連れられて一人の盲人がイエスさまのところにやってきます。「人々が……連れて来て」（22節）という所をしっかり心に留めましょう。友のために祈る、友のために仕える。執り成しということの大切さが、このお話に示されています。

イエスさまは盲人の手を取って、村の外に連れ出します。この人の癒やしを、静かな人目に触れないところでなさりたかったようです。

「その目に唾をつけ、両手をその人の上に置いて」（23節）

とあるように、イエスさまの癒やしのわざでは、よくその人に手を触れる、ということをなさっていますね。その人に触れると汚れる、と言われていた人にも同じようになさいました。イエスさまは全身を傾けて、その人の病に関わられたということでしょう。

そうして「何か見えるか」とお聞きになりました。その目の見えない人は、目の前に何か見える気がしたのでしょう。人のようでもあるけれど、前に触った木かもしれない。「人が見えます。木のようですが、歩いているのが分かります」（24節）。まだ十分には見えないようです。

そこでイエスさまがもう一度両手をあてると、その人はすっかり癒やされました。イエスさまはこの人が完全に治るまで、癒やしのわざをおやめになりませんでした。

イエスさまがその人に「この村に入ってはいけない」（26節）とおっしゃったのは、奇跡で有名になることを嫌っていらっしゃったからでしょう。不思議なわざに目を奪われていると、本当の信仰を得ることができません。信仰は、まっすぐ神さまの言葉を受け入れることから始まります。

◆8章27〜30節　ペトロ、信仰を言い表す

イエスさまの周りにはいつもたくさんの人々が集まってきていましたが、ほとんどの人々は、イエスさまの不思議なわざを見たいとか、何か自分たちに良いことをしてもらいたいという気持ちばかりで、イエスさまが本当は何者かに気づく人は少なかったのです。

当時ユダヤはローマの支配を受けていました。そこで、イエスさまはユダヤを独立させてくれる人かもしれない、と思う人たちはいたようです。特にわずかなパンと魚で五千人や四千人もの人々が満腹したのを見た人たちは、こういう人こそ自分たちの指導者になってほしいと思ったに違いありません。

イエスさまはその後、一人静かに山に登り神さまに祈られましたね（6章46節）。ご自分を王にまつり上げたいと思う人たちに出会われた時、イエスさまは、こういうことはみな、サタンの誘（いざな）いであることを強く感じていらしたのだと思います。

イエスさまが「弟子たちとフィリポ・カイサリア地方の方々の村にお出かけになった」(27節) 時のことです。フィリポ・カイサリアはユダヤにとって外国であり、ギリシア文化の中にある地方です。ギリシアの神々や、ローマ皇帝をまつる異教の地で、とても大切な出来事が起こります。

イエスさまは突然、弟子たちに、「人々は、わたしのことを何者だと言っているか」とお尋ねになりました。弟子たちが口々に言うには、人々は「洗礼者ヨハネだ」「エリヤだ」「預言者の一人だ」(28節) などと語っているというのです。

イエスさまはそれをお聞きになって、「それでは、あなたがたはわたしを何者だと言うのか」(29節) とズバッと弟子たちの心に切り込んでこられました。大事なことです。他の人がどう言っているか、どう信じているかではなく、「あなたがたは」なのです。あなたはどう信じるか。ここをしっかり心に留めましょう。あなたはイエスさまという方をどう思っているのか。

弟子たちの中で、すでにリーダー的立場になっていたペトロが答えました。「あなたは、メシアです」(29節)。メシアとは救い主ということです。自分がこの人によって罪から救われる、そういう方だと言いました。

するとイエスさまは、「御自分のことをだれにも話さないようにと弟子たちを戒められた」(30節) のです。イエスさまが救い主であることが明らかになるのは、まだ先のことなのです。神さまの時はまだだ、ということなのでしょうね。

でも、このイエスさまのおっしゃりようから、ペトロの言ったことは正解であったとわかります。そしてこの出来事の後、イエスさまがメシアであることが次々に示されてくるのです。

◆8章31～38節　イエス、死と復活を予告するⅠ

ペトロが「あなたは、メシアです」(29節) と自分の信仰を言い表したことを読みましたが、ペトロもイエスさまがどんなふうに自分を救ってくださるかまでは、まだわかっていませんでした。

ですからイエスさまが「人の子は必ず多くの苦しみを受け、長老、祭司長、律法学者たちから排斥されて殺され、三日の後に復活することになっている」（31節）と話し出された時、愛するイエスさまにそんなことが起こってたまるかと思ったのでしょう。

それでペトロはイエスさまを「わきへお連れして、いさめ始めた」（32節）のです。尊敬するイエスさまです。ペトロはみんなの前で面と向かって、イエスさまの言葉に反対することはできなかったのかもしれませんね。

するとイエスさまのお答えはドキッとするようなお答え、「サタン、引き下がれ」（33節）です。ペトロはぎょっとしたでしょう。

「引き下がれ」は、どっかに行ってしまえということではなく、わたしの後ろに従いなさいという意味だそうです。ペトロはイエスさまの前に立ちはだかっていたからです。そのペトロに、イエスさまはおっしゃいました。「あなたは神のことを思わず、人間のことを思っている」（33節）。

イエスさまが何をおっしゃろうとしているか、ペトロにわかったでしょうか。自分の考え方は神さまの考え方とは違う。自分の考えで神さまのお考えをじゃましてはいけない。すぐに、ペトロがそう思えたのなら幸いでした。

31節の言葉を聞いて、ペトロが聖書に詳しければ、イザヤ書53章を思い出したかもしれません。できたら、みなさんも読んでみてください。今、3～4節をここに書いておきます。

「彼は軽蔑され、人々に見捨てられ　多くの痛みを負い、病を知っている。彼はわたしたちに顔を隠し　わたしたちは彼を軽蔑し、無視していた。彼が担ったのはわたしたちの病　彼が負ったのはわたしたちの痛みであったのに　わたしたちは思っていた　神の手にかかり、打たれたから彼は苦しんでいるのだ、と」

イエスさまの時代よりも、ずっと昔の預言の言葉です。このイザヤの預言がイエスさまにおいて実現するのです。

そこでイエスさまは、群衆や弟子たちに向かっておっしゃいます。「わたしの後に従いたい者は、自分を捨て、自分の十字架を背負って、わたしに従いなさい。自分の命を救いたいと思う者は、それを失うが、わたしのため、また福音のために命を失う者は、それを救うのである」（34

～35節）。

自分が一番確かだとする考え方を捨て、ただただわたしについて来なさい。それぞれに降りかかってくる苦しい試練をそのまま抱えて、ついて来なさい。自分が助かることばかり求めないで、イエスさまが教えてくださった神さまの言葉を命がけで守り続けるならば、あなたは救われます。そうおっしゃいました。

「自分の命を失ったら、何の得があろうか」（36節）ともおっしゃいます。命は、神さまのお言葉を受け取ることができる受信機です。それを失ったら、どんなことをしても取り返しが付きませんよ。

そして最後に、「神に背いたこの罪深い時代に、わたしとわたしの言葉を恥じる者は、人の子もまた、父の栄光に輝いて聖なる天使たちと共に来るときに、その者を恥じる」（38節）とおっしゃいました。

イエスさまの時代ばかりでなく、わたしたちが生きるいつの時代も、神さまを無視する悪い時代です。その中でイエスさまに従おうとすると、それが世の中の考えとあまりに違っているので、「自分はおかしいのかな？」と恥ずかしい気持ちがふっと湧いてきたりすることもあります。いつかもう一度、イエスさまがこの地上に帰って来てくださる再臨の時、イエスさまは「その者を恥じる」とおっしゃっているのです。わたしたちはどんな時にも、イエスさまとイエスさまの言葉を自信をもって大切にしたいですね。

第9章

1節	イエス、死と復活を予告する Ⅱ
2～13節	イエスの姿が変わる
14～29節	汚れた霊に取りつかれた子をいやす
30～32節	再び自分の死と復活を予告する
33～37節	いちばん偉い者
38～41節	逆らわない者は味方
42～50節	罪への誘惑

◆9章1節　イエス、死と復活を予告する Ⅱ

続けてイエスさまが言われました。「はっきり言っておく。ここに一緒にいる人々の中には、神の国が力にあふれて現れるのを見るまでは、決して死なない者がいる」。「神の国が力にあふれて現れる」時、つまりイエスさまの再臨の時まで、生きている人がいるというのです。その中には、地上で生きている人はもちろん、地上の命を終えてからも永遠の命を生きている人が含まれているかもしれません。

パウロは「イエスが死んで復活されたと、わたしたちは信じています。神は同じように、イエスを信じて眠りについた人たちをも、イエスと一緒に導き出してくださいます」（一テサロニケ4章14節）と言いました。イエスさまを救い主と信じている人には、いつまでも滅びない神さまの命が与えられます。

神さまの命に生きる人には、肉体の死は決してその人の終わりではありません。いろいろな困難にあっても、イエスさまについていく人には永遠の命が約束されています。このお約束にわたしたちは励まされます。

◆9章2～13節　イエスの姿が変わる

「六日の後、イエスは、ただペトロ、ヤコブ、ヨハネだけを連れて、高い山に登られた」（2節）。「六日の後」とありますが、ルカによる福音書の同じ場面では「八日ほどたったとき」（9章28節）とあります。イエスさまによる死と復活の予告から、一週間ほど後のことだったのでしょう。

イエスさまは三人の弟子たちと一緒に山に登ります。聖書の中では、山は神との出会いの場として出てくることが多いのです。

すると、イエスさまの姿が弟子たちの目の前で変わりました。「服は真っ白に輝き、この世のどんなさらし職人の腕も及ばぬほど白くなった」（3節）とあります。真っ白とは全く汚れのないことですし、輝きという言葉からすると、これは神のお姿でしょう。人間として弟子たちと一緒に過ごしてこられたイエスさまが、実は神であったことが、はっきり現されたのです。

すると「エリヤがモーセと共に現れて、イエスと語り合っていた」（4節）。エリヤは大預言者、モーセは神から律法をいただいた人、共に旧約聖書を代表する人です。イエスさまこそ、預言と律法の二つともが「やがておいでになる救い主、メシア」と指し示してきた方である。そのことを、この場面は表しています。

そこにペトロが口をはさんでイエスさまに言います。「先生、わたしたちがここにいるのは、すばらしいことです。仮小屋を三つ建てましょう。一つはあなたのため、一つはモーセのため、もう一つはエリヤのためです」（5節）。旧約聖書には、出エジプトからカナンに入るまで神さまに導かれた、テント暮らしの旅が記されています。ペトロは、あのイスラエルの恵みの旅を思い出して、仮小屋、つまりテントのことを思わず口にしたのかもしれません。

この時ペトロは動転していました。わたしたち人間にとって、神さまとの出会いは本当に恐ろしいものです。神さまの目は、わたしたちの心の隅々まで見ておられ、どんなにしても神さまをごまかすことはできないからです。彼らはただただ慌てふためいていました。

するとき、そこに天からの声が聞こえてきます。「雲が現れて彼らを覆い、雲の中から声がした。『これはわたしの愛する子。これに聞け』」（7節）。この方のおっしゃることにしっかり耳を傾け、ついて行きなさい、という神さまのお言葉でした。この三人の弟子たちにとって、忘れることのできない大きな、大きな出来事でした。ペトロ、ヤコブ、ヨハネの三人は「父の栄光に輝いて聖なる天使たちと共に来るとき」（8章38節）のイエスさまのお姿を見せていただいたのです。

一同が山を下りる時、イエスさまは、「人の子が死者の中から復活するまでは、今見たことをだれにも話してはいけない」（9節）と弟子たちに命じます。前にも書いたように、まだ神さまの時が来ていないからです。弟子たちはこの尊いお方が、どのようにして自分たちを救ってくださるのか、はっきりとはわかっていませんでした。それで、「彼らはこの言葉を心に留めて、死者の中から復活するとはどういうことかと論じ合」う（10節）ことしかできませんでした。

そして弟子たちはイエスさまに、「なぜ、律法学者は、まずエリヤが来るはずだと言っているのでしょうか」（11節）と質問しました。イエスさまは答えます。「確かに、まずエリヤが来て、すべてを元どおりにする。それなら、人の子は苦しみを重ね、辱めを受けると聖書に書いてあるのはなぜか。しかし、言っておく。エリヤは来たが、彼について聖書に書いてあるように、人々は好きなようにあしらったのである」（12～13節）。

これ、どういうことかわかりますか。ユダヤ教ではエリヤが再来し、その後メシアが到来すると信じられていました。旧約聖書の最後のマラキ書3章23節に「預言者エリヤをあなたたちに遣わす」という預言が記されているからです。イエスさまは洗礼者ヨハネが、この再来のエリヤなのだとおっしゃっているのです。神さまはいろんな機会をとらえて、何とかして人間が、神の言葉で生きるようにと働きかけてくださったのに、わたしたち人間はまるでそのお声を聴きとれなかったのですね。人の罪の深さを思います。

◆9章14～29節　汚れた霊に取りつかれた子をいやす

イエスさまがペトロ、ヤコブ、ヨハネを連れて山をお下りになると、残っていた弟子たちは「大勢の群衆に取り囲まれて、律法学者たちと議論して」いました（14節）。

ある父親が、病気の息子を癒やしてもらおうと連れてきたのです。「霊がこの子に取りつくと、所かまわず地面に引き倒すのです。すると、この子は口から泡を出し、歯ぎしりして体をこわばらせてしまいます」（18節）。しかし弟子たちは癒やすことができませんでした。それで人々はイエスさまを、まだかまだかと待っていたのでしょう。

イエスさまはおっしゃいました。「なんと信仰のない時代なのか。いつまでわたしはあなたがたと共にいられようか。いつまで、あなたがたに我慢しなければならないのか。その子をわたしのところに連れて来なさい」（19節）。

霊は、イエスさまを見ると、すぐにその子を引きつけさせました。その子は地面に倒れ、転び回って泡を吹きます。父親によれば息子は幼い時から、この病に苦しんできました。父親はイエスさまに言いました。「おできになるなら、わたしどもを憐れんでお助けください」（22節）。

この子どもが何とかならないかと、父親はいろいろやってきたのでしょう。でもどうにもできませんでした。イエスさまはたくさんの人々を癒やされたということだが、こんなひどい病気はそうそう治せるものではないはずだ。そう思ったこの父親は「おできになるなら」としか言えませんでした。父親は、イエスさまが神さまの力をお持ちだとは、まだ気づいていなかったのです。

するとイエスさまはすぐに、「『できれば』と言うか。信じる者には何でもできる」（23節）。イエスさまこそ神、救い主だと信じるか、信じないか。そこをズバッと突かれ、父親はハッとしました。そして叫びました。「信じます。信仰のないわたしをお助けください」（24節）。

大事なのは「信仰のないわたしをお助けください」です。この父親は、自分の考えを一番確かなものと見なしていた、自分の誤り、罪に気づいたのです。自分の罪に気づくのが信仰をいただく第一歩だということを、わたしたちはしっかり心に留めましょう。信仰は、自分の知識や賢さによって得られるものではありません。信仰は神さまからの恵みとしていただくものですから。

そこでイエスさまは、汚れた霊をお叱りになりました。「この子から出て行け。二度とこの子の中に入るな」（25節）。

創世記1章にあるように、この世界を創造されたのは神の言葉でした。「光あれ」。すると光があったのです。神さまの言葉は力なのです。この力ある神の言葉によって、イエスさまは汚れた霊を追い出されました。そしてイエスさまが手を取ってその子を起こされると、その子は立ち上がりました。

弟子たちはひそかに、「なぜ、わたしたちはあの霊を追い出せなかったのでしょうか」（28節）とイエスさまに尋ねます。するとイエスさまは、「この種のものは、祈りによらなければ決して追い出すことはできないのだ」（29節）とお答えになりました。

祈りの力。わたしたちもお祈りしますが、その時どれくらい一生懸命、神さまに向かい合っているでしょうか。今一度、自分の祈りを反省してみなくてはなりません。

◆9章30〜32節　再び自分の死と復活を予告する

ペトロが「あなたは、メシアです」（8章29節）と答えたのを聞いたイエスさまは、弟子たちにこの信仰があればわかるのではないか、と思われたのでしょう。イエスさまはご自分がどんなメシアなのかを、はっきりと弟子たちにお示しになりました。それが第一回目の受難予告でした（8章31節以下）。

そしてあの高い山の上でペトロ、ヤコブ、ヨハネにご自分の栄光の姿をお見せになった（9章2節以下）後、ここで第二回目の受難予告をされました。

イエスさまの栄光の姿は、受難を通してはっきり見えてくるのです。いよいよその時が近づいてきたのです。イエスさまのお気持ちを、弟子たちはまだ十分に感じ取れてはいないかもしれません。でも「怖くて尋ねられなかった」（32節）とありますから、これは大変なことになるぞという緊張だけは生まれたようです。

ところが、弟子たちのある者は何か勘違いをしていたようです。イエスさまの栄光の姿は、ユダヤをローマから独立させる王の姿だと思ったらしいのです。ユダヤではこういう希望をたくさんの人が持っていたようです。

イエスさまが王様になるのなら、総理大臣が必要です。そのほかいろんな偉い役人も必要でしょう。我々はその中の何にしていただけるんだろう。そんな思いから、だれがいちばん偉いかという議論になったのです。でも面と向かってイエスさまに「途中で何を議論していたのか」（33節）と尋ねられると、さすがにバツが悪かったと思います。

◆9章33〜37節　いちばん偉い者

そういう弟子たちに、イエスさまはこうおっしゃるのです。「いちばん先になりたい者は、すべての人の後になり、すべての人に仕える者になりなさい」（35節）。イエスさまに従っていく者にとって何よりも大事なのは、隣人に仕えることです。この世の常識とは、正反対ですね。

そして、イエスさまは行動でそのことを表しました。「一人の子供の手を取って彼らの真ん中に立たせ、抱き上げて言われた。『わたしの名のためにこのような子供の一人を受け入れる者は、わたしを受け入れるのである。わたしを受け入れる者は、わたしではなくて、わたしをお遣わしになった方を受け入れるのである』」（36〜37節）。

子どもは隣人の代表です。自分が偉くなりたいと求めるのではなく、子どものように弱い立場にある人を受け入れることこそ、わたしたちがなすべきことです。

子どもは自分一人では生きていけないことを本能的に知っています。神さまなしでも生きていけると思っている大人とは、そこが全然違います。神さまなしには生きられないと思うその心に見習いたいと願いながら、子どもや弱い立場の人々と一緒に生きていきたいと思います。

◆9章38〜41節　逆らわない者は味方

ヨハネという弟子が、イエスさまに言いました。「先生、お名前を使って悪霊を追い出している者を見ましたが、わたしたちに従わないので、やめさせようとしました」（38節）。

ヨハネはとても熱心な弟子でした。少しでもおかしいと思うことがあると、それはダメと厳しかったようです。今度も自分たちの仲間ではなかった人が、イエスさまの名によって奇跡を行ったのを見て、「イエスさまの弟子でもないのに、けしからん」と思ったのでしょう。

でもその話をお聞きになったイエスさまは、もっと広い心をお持ちでした。「やめさせてはならない。わたしの名を使って奇跡を行い、そのすぐ後で、わたしの悪口は言えまい。わたしたちに逆らわない者は、わたしたちの味方なのである」（39～40節）とおっしゃったのです。

教会の中でも熱心な信者は、ともするとガチガチに厳しくて、あれはダメ、これは間違っていると、譲らないことがあるものです。でも、イエスさまはそうではありません。わたしたちも先入観で人を区別するのはやめましょう。

「はっきり言っておく。キリストの弟子だという理由で、あなたがたに一杯の水を飲ませてくれる者は、必ずその報いを受ける」（41節）。わたしたちの周りにいる友を大切にしたいと思います。

◆9章42～50節　罪への誘惑

「わたしを信じるこれらの小さな者の一人をつまずかせる者は、大きな石臼（いしうす）を首に懸けられて、海に投げ込まれてしまう方がはるかによい」（42節）

厳しい言葉で始まります。「小さな者」は文字どおり子どもかもしれませんし、信仰を与えられたばかりで、教会生活にもあまり慣れていない新しい教会員かもしれません。でもその人は、イエスさまを信じる人なのです。そういう人の心をくじけさせ、信仰生活を続けられなくなるようなことをする者に対しての警告です。

「大きな石臼」は、ロバなどの動物が回すような大きなもののようです。それを首にかけて海に投げ込まれた方がまだましだというのです。そんなことをされたら死んでしまいますが、それほど重大な罪だということです。

ほかの人に対してだけでなく、自分自身についても「もし片方の手があなたをつまずかせるなら、切り捨ててしまいなさい」（43節）と言われています。何より、信仰をしっかり保つことが大事なのです。

「両足がそろったままで地獄に投げ込まれるよりは、片足になっても命にあずかる方がよい。もし片方の目があなたをつまずかせるなら、えぐり出しなさい。両方の目がそろったまま地獄に投げ込まれるよりは、一つの目になっても神の国に入る方がよい」（45～47節）。地獄に落ちたら、もう最後ですね。もとには戻れません。

イエスさまは、人間にはとてもできそうもないことをおっしゃることがよくあります。それはそのお言葉を実行できない自分。それに気づいてほしいということです。自分の罪に気づいてほしいので、こんな厳しいことをおっしゃるのです。

「命にあずかる」（43、45節）は神の国に入ることですね。それこそが信仰を持つ者の一番の希望です。そういう希望をしっかり持って生活する人は「火で塩味を付けられる」（49節）のです。火は全く汚れのないもので、悪いものを焼き尽くし清めてくれます。つまりイエスさまのことでしょう。イエスさまによって塩味を付けていただけるのです。

「塩は良いものである」（50節）。みなさんもこれはすぐわかりますね。甘いおまんじゅうでも、少しの塩を入れることで、ずっと甘さが引き立ちます。また、塩は物が腐るのを防ぎます。長く保存したいものは塩漬けにしますね。

そして、塩は食べ物の味を引き立たせたり長持ちさせたりしますが、目には見えません。人間が神さまからいただく塩味も、世の中にとても役立っていても、ここにあるぞとみんなに見えるものではないのです。そこが大事ですね。

「だが、塩に塩気がなくなれば、あなたがたは何によって塩に味を付けるのか。自分自身の内に塩を持ちなさい。そして、互いに平和に過ごしなさい」。わたしたちも自分たちが腐らないように、またわたしたちを取り巻く社会を腐らせないように、自分自身が塩になれるよう、一生懸命イエスさまについていきましょう。塩味はイエスさまからだけ、いただけるものだからです。

第10章

1～12節	離縁について教える
13～16節	子供を祝福する
17～31節	金持ちの男
32～34節	イエス、三度自分の死と復活を予告する
35～45節	ヤコブとヨハネの願い
46～52節	盲人バルティマイをいやす

◆10章1～12節　離縁について教える

高い山の上で栄光のお姿を三人の弟子にお見せになり、二度目の受難予告をなさったイエスさま。「そこ（カファルナウム）を立ち去って」（1節）、いよいよエルサレムに み顔を向けて、歩み出されました。

いつものようにたくさんの人々が集まってきて、イエスさまのお話を聞いていました。そこに、ファリサイ派の人々が近付いてきて、「夫が妻を離縁することは、律法に適っているでしょうか」（2節）と尋ねました。というのも旧約聖書の律法では離縁を認めていますが、イエスさまは離縁を認めないに違いない。イエスさまが律法とは違う考えを持っていることを明らかにするために、ファリサイ派はわざわざこんな質問をしてきたのです。

こんな曲がった心を持ったファリサイ派の人々にも、イエスさまは、きちんと向き合って、「モーセはあなたたちに何と命じたか」（3節）とお尋ねになります。彼らの答えは「モーセは、離縁状を書いて離縁することを許しました」（4節）です。「どうです、ちゃんとモーセがそう言ってるじゃないですか」とそんな気持ちで言っているのでしょう。確かに申命記24章の最初の所に、離婚についての定めが書いてはあります。

　これに対してイエスさまは静かに、「あなたたちの心が頑固なので、このような掟をモーセは書いたのだ」（5節）とおっしゃいます。本当に大事なのは、「神が結び合わせてくださったものを、人は離してはならない」（9節）ということです。結婚は神さまが備えてくださったこと。それを罪のある人間の都合でいい加減にしてはなりませんと、イエスさまはおっしゃったのです。

　この後、イエスさまと弟子たちだけになった時、「妻を離縁して他の女を妻にする者は、妻に対して姦通の罪を犯すことになる。夫を離縁して他の男を夫にする者も、姦通の罪を犯すことになる」（11～12節）とおっしゃいました。イエスさまにとっては、その判断が良いか悪いかの基準は、ただ一つ、それが神さまのお心に沿っているか、そうでないかなのです。結婚を大切にすることは神さまのお心です。

◆10章13～16節　子供を祝福する

　ここは、神の国に入ることのできる人はどんな人なのかを、イエスさまが教えてくださったところです。

　お母さんたちが自分の子どもをイエスさまに祝福していただこうと、子どもを抱いてイエスさまのおそばによって来ようとしました。これを見て弟子たちは、「ダメダメ、先生はお忙しいんだ」とお母さんたちを止めたのです。

　それをご覧になったイエスさまは「憤り」（14節）とあります。随分激しい言葉ですね。小さな子どもを押し留めるなど、なんて愛のないことだろう、ということでしょう。愛を忘れた行いはイエスさまの一番お嫌いなことでした。そして「子供たちをわたしのところに来させなさい。妨げてはならない。神の国はこのような者たちのものである」（14節）とおっしゃったのです。

　「このような者」ってどんな者でしょう。幼子は、自分が一人で生きていけるとは全然思っていませんね。親に何もかも頼っています。だからデパートなどで親を見失ったりしたら、パニックになるじゃないですか。

そのように自分に全く頼れず、無力であることを知っている者、それが「このような者」です。神の国に入れていただけなければ、自分はもう一人でやっていけない、そういう心こそが神の国に入れていただける入場切符なのだというのです。そのようにおっしゃって、イエスさまは「子供たちを抱き上げ、手を置いて祝福された」（16節）のです。

◆10章17～31節　金持ちの男

この記事はマタイによる福音書にも、ルカによる福音書にも書かれています。マタイでは青年、ルカでは議員として紹介される人が、マルコでは「ある人」となっています。

イエスさまが旅に出ようとしておられると、ある人が走り寄ってきて、ひざまずいて尋ねます。その呼びかけは「先生」（17節）でしたから、自分が普段から接している偉いラビ、律法学者の一人だと思っていたのかもしれません。「善い先生、永遠の命を受け継ぐには、何をすればよいでしょうか」。

対するイエスさまの言葉は「なぜ、わたしを『善い』と言うのか。神おひとりのほかに、善い者はだれもいない」（18節）でした。人はみな罪人だということに、この役人は気づいていなかったのです。それで、この人は十戒を幼い時から守ってきたと断言します。それを聞いたイエスさまは「彼を見つめ、慈しんで言われた」（21節）。この人を見つめるイエスさまの目は慈しみに満ちていました。

イエスさまはおっしゃいます。「あなたに欠けているものが一つある。行って持っている物を売り払い、貧しい人々に施しなさい。そうすれば、天に富を積むことになる。それから、わたしに従いなさい」と。

それを聞いた「その人はこの言葉に気を落とし、悲しみながら立ち去った。たくさんの財産を持っていたからである」（22節）。十戒をしっかり守ってきた人でしたが、この世の富から自分の心を解き放つことはできなかったのです。さあ、わたしたちはどうでしょうか。

ところで「天に富を積む」とはどんなことでしょう。富を「自分にとって一番大切なもの」と言い換えるとわかりやすいかもしれません。この人は自分が一番大切な宝を地上に持っているのです。それを天に求めなさい。神さまからいただく宝にお換えなさいということになります。天の宝、それは神の愛です。

この人は地上の富に心をとらわれていました。地上の富の奴隷だったのですね。残念ながら彼はそれから解放されることができませんでした。わたしたちもきっと同じです。

弟子たちもこの様子を見ていました。イエスさまはその弟子たちに向かって、「財産のある者が神の国に入るのは、なんと難しいことか」（23節）とおっしゃり、たたみかけて、「金持ちが神の国に入るよりも、らくだが針の穴を通る方がまだ易しい」（25節）とおっしゃったのです。

らくだが針の穴を通り抜けるなんてあり得ないことです。「それでは、だれが救われるのだろうか」（26節）と弟子たちが言い合っていると、イエスさまは「人間にできることではないが、神にはできる。神は何でもできるからだ」（27節）と応じました。

わたしたちが信じている神さまは全能の神です。できないことは一つもない神です。地上の富にしばられている人でも、それから解放されて、自分の一番大切なものを天に求めるように、神さまが変えてくださることもあるのです。

うなだれてイエスさまから離れて行ったあの人も、ずーっと後になってから、新しいキリストの教会のメンバーになったかもしれないと、わたしは思います。あの人のことも神さまは慈しんでくださり、神さまが変えてくださったのではないでしょうか。

イエスさまの言葉を聞いて、ペトロがこう言いました。「このとおり、わたしたちは何もかも捨ててあなたに従って参りました」（28節）。だから、神の国に入れますよね、という気持ちだったのでしょう。

イエスさまはお答えになりました。「はっきり言っておく。わたしのためまた福音のために、家、兄弟、姉妹、母、父、子供、畑を捨てた者はだれでも、今この世で、迫害も受けるが、家、兄弟、姉妹、母、子供、畑も百倍受け、後の世では永遠の命を受ける」（29～30節）。

そうですよ。わたしについてくると、苦しいことにいっぱい出会うでしょうが、神の国が来る時には永遠の命が約束されていますよ。そうおっしゃって、弟子たちを励まされたのです。

「しかし、先にいる多くの者が後になり、後にいる多くの者が先になる」（31節）。これは教会ではよく言われる言葉です。礼拝の説教をしっかり心に根付かせる。聖書をよく読んで神の言葉の力に養われる。そういう人は、神さまによって変えていただき、成長させていただけるのです。

◆10章32〜34節　イエス、三度自分の死と復活を予告する

ご自分を殺そうとする人たちの待ち構えるエルサレムに向けて「先頭に立って進んで行かれた」（32節）イエスさま。弟子たちはイエスさまの厳しいお顔を見て「驚き」「恐れ」ました。

その弟子たちを呼び集め、イエスさまはご自分を「人の子」と呼び、これから起ころうとしていることを話し始められました。

「人の子は祭司長たちや律法学者たちに引き渡される。彼らは死刑を宣告して異邦人に引き渡す。異邦人は人の子を侮辱し、唾をかけ、鞭打ったうえで殺す。そして、人の子は三日の後に復活する」（33〜34節）と。三回目の受難と復活の予告です。今までで一番くわしい予告でした。

◆10章35〜45節　ヤコブとヨハネの願い

イエスさまの受難予告を聞いた弟子たちの中、ヤコブとヨハネが言います。「先生、お願いがあります」と。「栄光をお受けになるとき、わたしどもの一人をあなたの右に、もう一人を左に座らせてください」（37節）。

イエスさまはどう思われたでしょう。「あなたがたは、自分が何を願っているか、分かっていない。このわたしが飲む杯を飲み、このわたしが受ける洗礼を受けることができるか」（38節）。「杯」も「洗礼」も苦しみを表しています。これからわたしが受ける苦しみは、ちょっとやそっとのものではない。あなたはそれに耐えられますか？　そう尋ねられると、二人は「できます」とはっきり言うのです。

イエスさまは言葉を継いでおっしゃいます。確かに、あ

なたたちもわたしと同じ迫害の苦しみを受けるだろう。「しかし、わたしの右や左にだれが座るかは、わたしの決めることではない。それは、定められた人々に許されるのだ」（40節）。そういうことをお決めになるのは、神さまお一人だということを忘れてはいけませんよ。そうお諭しになったのでした。

他の弟子たちは、ヤコブとヨハネのことで腹を立て始めます。彼らが抜け駆けしようとしたと思ったのでしょう。それは当然とも言えますが、弟子たちはまだまだ未熟でした。そこでイエスさまはおっしゃいます。「あなたがたの中で偉くなりたい者は、皆に仕える者になり、いちばん上になりたい者は、すべての人の僕になりなさい」（43～44節）。それはイエスさまの真似をすることです。というのも「人の子は仕えられるためではなく仕えるために、また、多くの人の身代金として自分の命を献げるために来た」（45節）のですから。

自分がこの世に遣わされたのは、ただ一つ、人々に「仕えるため」であり、自分が一番になりたがる人の罪をみな背負って「自分の命を献げるため」なのだと、つまりこれから受ける苦しみはすべての人のためなのだということを、イエスさまはまっすぐにお話しになったのです。

パウロはフィリピの信徒への手紙2章6～8節の中で、「キリストは、神の身分でありながら、神と等しい者であることに固執しようとは思わず、かえって自分を無にして、僕の身分になり、人間と同じ者になられました。人間の姿で現れ、へりくだって、死に至るまで、それも十字架の死に至るまで従順でした」と言って、イエスさまが仕える人そのものであったことをたたえています。

◆10章46～52節　盲人バルティマイをいやす

エルサレムにしっかりと目を向けて先頭を進まれるイエスさま。弟子たちもそれに続き、いよいよエリコの町に入りました。エルサレムももうすぐです。死海の北西岸一〇キロぐらいの所にエリコがあります。ヨルダン川を渡ってカナンの地に入った、モーセの後継者ヨシュアが最初に攻略した町です（ヨシュア記6章を見ておきましょう）。

エルサレムを目ざし、この町を出て行こうとなさった時でした。「バルティマイという盲人が道端に座って物乞いをしていた」（46節）のです。イエスさまだと聞くと、その人が叫んで、「ダビデの子イエスよ、わたしを憐れんでください」（47節）と叫び始めました。

ダビデの子孫である救い主がこの世においでになるという救い主待望が、旧約聖書の時代からずっと続いてきたのです。エゼキエル書34章23節にはこうあります。「わたしは彼らのために一人の牧者を起こし、彼らを牧させる。それは、わが僕ダビデである」。牧者と書かれているのがメシア、つまり救い主のことです。

バルティマイが必死でイエスさまに呼びかけると「多くの人々が叱りつけて黙らせようとしたが、彼はますます、『ダビデの子よ、わたしを憐れんでください』と叫び続け」（48節）ました。バルティマイはこのチャンスを逃したら、もう二度とイエスさまに癒やしていただけない、と必死の思いだったのでしょう。

当然この声はイエスさまに届きました。イエスさまの指示によって、人々は盲人を呼んで言いました。「安心しなさい。立ちなさい。お呼びだ」（49節）。すると彼は「上着を脱ぎ捨て、躍り上がって」（50節）イエスさまのところに来たのです。「お呼びだ」。この言葉がバルティマイの中ではじけ、躍り上がって喜んだのです。

イエスさまから「何をしてほしいのか」（51節）と問われて、彼は「先生、目が見えるようになりたいのです」と答えます。そこで、イエスさまは言われました。「行きなさい。あなたの信仰があなたを救った」（52節）。「行きなさい」のひとことに、イエスさまの力強さが込められています。

そしてバルティマイは、「すぐ見えるようになり、なお道を進まれるイエスに従った」とあります。「イエスに従った」が忘れてはならない言葉です。バルティマイは肉体の目が開かれただけではありません。心の目、信仰の目が開かれたのです。

どうでしょう。わたしたちはどれくらい神さまのお心が見えているでしょうか。心の目を点検しなければならないでしょう。目が開かれることは、進まれるイエスさまに従うことにつながっていくのです。

第11章

1～11節　エルサレムに迎えられる
12～14節　いちじくの木を呪う
15～19節　神殿から商人を追い出す
20～25節　枯れたいちじくの木の教訓
27～33節　権威についての問答

◆11章1～11節　エルサレムに迎えられる

新共同訳聖書の後ろにある聖書地図6で、エルサレムを見つけましょう。死海は良い目印です。その死海の北の端から二、三〇キロほど西にエルサレムがあります。

「一行がエルサレムに近づいて、オリーブ山のふもとにあるベトファゲとベタニアにさしかかった」（1節）。ベトファゲ、ベタニアはエルサレムのちょっと死海寄り、三キロほどの所にありますね。小さな村だったようです。

イエスさま一行がこの二つの村の近くまで来た時、イエスさまは二人のお弟子さんを呼んで、向こうの村から、ろばを連れて来るようにおっしゃいました。

なぜろばだったのでしょう。ろばは小さいけれど、力のある我慢強い動物です。実は旧約聖書の終わりの方、ゼカリヤ書9章9節に「見よ、あなたの王が来る。彼は神に従い、勝利を与えられた者　高ぶることなく、ろばに乗って来る　雌ろばの子であるろばに乗って」とあります。救い主がろばの子に乗ってエルサレムに入って来るのだと、預言者を通して神さまが知らせてくださっています。

王さまだったら、立派な馬にまたがって来るところでしょう。しかし神さまが送ってくださる王さまは、主人のために黙々と荷を運ぶような、ろばにお乗りになったのです。それはそのまま人々に仕える救い主のお姿でもありました。イエスさまが弟子たちに「あなたがたの中で偉くなりたい者は、皆に仕える者になり、いちばん上になりたい者は、すべての人の僕になりなさい」（10章43〜44節）とおっしゃいました。その姿はまた、この子ろばにも現れているように見えませんか。

イエスさまはさらに言葉を継いで、二人のお弟子さんたちに「もし、だれかが、『なぜ、そんなことをするのか』と言ったら、『主がお入り用なのです。すぐここにお返しになります』と言いなさい」（3節）とおっしゃいました。

お弟子さんたちは、そんなことできるのかなとは、思わなかったみたいですね。三年間、朝から晩まで毎日イエスさまについてきた弟子に、主のお言葉を信じることができる信仰が芽生えていたのでしょう。

二人がすぐ出かけていくと、確かに子ろばがいました。ろばの持ち主に、イエスさまがおっしゃったとおりに説明すると、ろばを借りて行くことを許してくれました。何もかもイエスさまのおっしゃったとおりでした。

「二人が子ろばを連れてイエスのところに戻って来て、その上に自分の服をかけると、イエスはそれにお乗りになった」（7節）とあります。ろば、それも子ろばでは足が地面についてしまって、あまり格好のいいお姿とは言えません。でもこれが「王の王」のお姿でした。

ろばに乗ってエルサレムに入ってくるイエスさまをお迎えするために、「多くの人が自分の服を道に敷き、また、ほかの人々は野原から葉の付いた枝を切って来て道に敷きました」（8節）。服や枝を道に敷くことは、王に従う気持ちを表すことだったようです。

そして前を行く者も後に従う者も叫びました。「ホサナ。主の名によって来られる方に、祝福があるように。我らの父ダビデの来るべき国に、祝福があるように。いと高きところにホサナ」（9〜10節）。「ホサナ」は「我らに救いを」という意味です。これは先ほど引用した預言者の言葉のとおりの光景でした。「娘シオンよ、大いに踊れ。娘エルサレムよ、歓呼の声をあげよ。見よ、あなたの王が来る」（ゼカリヤ書9章9節）。

　こうして、エルサレムに入ったイエスさまたちですが、エルサレムを見て回った後、夕方には静かなベタニアへ出て行かれ、そこで宿泊なさいました。

◆11章12〜14節　いちじくの木を呪う

　翌日、ベタニアを出ようとする時、イエスさまはおなかが減っているのを感じました。そこで、実がなっていることを期待して、いちじくの木に近づいたのですが、葉が茂っているばかりで実がなっていません。「いちじくの季節ではなかったからである」（13節）とあります。

　イエスさまはその木に向かっておっしゃいました。「今から後いつまでも、お前から実を食べる者がないように」（14節）。

　これは何のお話なのでしょう。イエスさまのような豊かな知識をお持ちの方が、いちじくがいつ実をみのらせるかぐらいご存じないというのは変ですね。

　実はこのいちじくは、イスラエルを表しているのです。いちじくが葉を豊かに茂らせているというのは、見た目にはとても栄えているようだということです。ところが肝心かなめの実がない。イスラエルが、神さまに選ばれ愛された民であるというしるしが全く見られない。それがこれから入って行こうとされる、エルサレムの姿だということを表しているのです。

◆11章15〜19節　神殿から商人を追い出す

　葉ばかり茂らせて、見てくれだけのイスラエル。その姿が神殿の境内にはっきり現されていたというのが、これから読むところです。

　イエスさま一行がエルサレム神殿の境内に入り、「そこで売り買いしていた人々を追い出し始め、両替人の台や鳩を売る者の腰掛けをひっくり返された」（15節）というのです。神殿は礼拝の場所です。そこに神さまがいらっしゃることを覚え、神さまとしっかり向き合って祈るところです。ところがその神殿の庭では、商人たちが物の売り買いに夢中になっている。イエスさまはそのことを怒ったのでした。

神殿で売り買いをするのには、わけもあることはあったのです。今わたしたちは礼拝で自分の身をささげるしるしとして献金をしますね。イエスさまの時代には、神殿で礼拝する時、お金や穀物、ぶどう酒、動物などをささげました。

ささげものには傷があってはならないと決められていました。お金だったら、神殿にささげてよいのはユダヤのお金だけ。一番出回っていたローマのお金は献金できなかったのです。

ところが礼拝に来る人は実にいろんな地方から来ていました。アフリカの方からも、今のトルコの方からもはるばるやってきていましたから、たとえば動物など、そんな遠くから無傷で連れてくることはとても難しいことでしたし、自分たちの地方で使っているお金がユダヤのお金でないこともあったのです。だから神殿には、お金をユダヤのお金に両替してもらうために両替屋が必要でしたし、傷のない動物を売る業者も必要だったのです。

それらはどうしても必要なものでしたから、少々値段が高くても買わないわけにはいきません。両替だって、手数料をとるのは当然でした。でも、人間は欲の塊です。相手にそれがないと礼拝できないという、いわば弱みがあるのに付け込んで、自分が好きなように値段を高くつけて、もうけようとする人が出てきます。神殿もそれを知って、商人たちのもうけの中から、たとえば神殿の庭に店を出すための許可料を巻き上げたりもしていたのです。そういうイスラエルは、まさに葉は豊かに茂らせていても実をみのらせない、いちじくそのものでした。

このような姿をご覧になったイエスさまは、「神さまに愛されてきたイスラエルが、こんなに情けない姿なのか」と本当にがっかりなさったのです。神さまの大きな愛を思えば思うほど、恩知らずな同胞ユダヤ人たちの姿は悲しいものでした。「『わたしの家は、すべての国の人の　祈りの家と呼ばれるべきである。』ところが、あなたたちは　それを強盗の巣にしてしまった」（17節）。

旧約聖書に記されているように、神さまはイスラエルを愛して、エジプトで礼拝もできず、奴隷にされていた人々を救い出してくださいました。長い荒れ野の旅の道中も道案内をされ、ヨルダン川を渡ってカナンの地に入るまで守ってくださいました。その後も、士師や預言者たちを通して、神の言葉に生きるように人々を導き続けてくださいました。

そういう神さまに感謝と祈りをささげる神殿であるのに、「強盗の巣にしてしまった」。イエスさまの嘆きは、父なる神さまの嘆きそのものでした。

ルカによる福音書13章34節にも、こういうことが書かれています。「エルサレム、エルサレム、預言者たちを殺し、自分に遣わされた人々を石で打ち殺す者よ、めん鳥が雛(ひな)を羽の下に集めるように、わたしはお前の子らを何度集めようとしたことか。だが、お前たちは応じようとしなかった」。神さまが、イエスさまが、どんなに悲しい思いをしていらしたか、この言葉でよくわかります。

ところがこの出来事が、「祭司長たちや律法学者たちはこれを聞いて、イエスをどのようにして殺そうかと謀(はか)った」（18節）とあるように、イエスさまを亡き者にしてしまおうという恐ろしい企てに進んでいったのです。自分たちが実のならないいちじくだという自覚が全くなかったのですね。ただし、「群衆が皆その教えに打たれていたので」、彼らはイエスを恐れ」、すぐには手を出せないでいました。

◆11章20～25節　枯れたいちじくの木の教訓

翌朝早く、ベタニアからエルサレムに出かけた一行は、「通りがかりに、あのいちじくの木が根元から枯れているのを見た」（20節）のです。

ペトロは思い出してイエスさまに言いました。「先生、御覧ください。あなたが呪われたいちじくの木が、枯れています」（21節）。「呪われた」というのは、前日に「今から後いつまでも、お前から実を食べる者がないように」（14節）とおっしゃったことを指しています。

イエスさまは、神さまに愛されたイスラエルの同胞がこのままではいけないと思われたのです。「しっかり実を付けるいちじくになるように」と願っていらしたのです。そして、神さまがきっとそのように導いてくださると信じられたのでしょう。

ペトロが「いちじくの木が枯れています」と驚いて報告したことに対し、イエスさまはおっしゃいます。「神を信じなさい。はっきり言っておく。だれでもこの山に向かい、『立ち上がって、海に飛び込め』と言い、少しも疑わず、自分の言うとおりになると信じるならば、そのとおりになる」（22～23節）。自分があり得ないと思ったことでも、神さまへの心からの信頼があればちゃんとそのとおりになると、信じることの大切さを、お教えになったのです。

そしてさらに言葉を継いで、「立って祈るとき、だれかに対して何か恨みに思うことがあれば、赦してあげなさい。そうすれば、あなたがたの天の父も、あなたがたの過ちを赦してくださる」（25節）と、わたしたちがお祈りする時に忘れてはならない大事なことを加えていらっしゃいます。主の祈りの中でも「我らに罪をおかす者を　我らがゆるすごとく、我らの罪をもゆるしたまえ」と祈ることを、イエスさまは教えてくださっていますね。イエスさまはこの情けないイスラエルにも神さまへの信頼と祈りを回復させ、神の国へと招きたいと思っていらっしゃいました。

◆11章27～33節　権威についての問答

ベタニアとエルサレムを行き来していたイエスさまたちです。またエルサレムに戻ってきて、エルサレム神殿の境内を歩いておられると、祭司長、律法学者、長老たちがやって来て、イエスさまに尋ねました。「何の権威で、このようなことをしているのか。だれが、そうする権威を与えたのか」（28節）。

エルサレム神殿が商売の場所になっていることに対して、イエスさまが神殿は「すべての国の人の　祈りの家と呼ばれるべきである」（17節）とおっしゃって商人たちを追い出された出来事が少し前にありましたね。これをきっかけに、神殿側の人たちの中にイエスさまを「殺してしまおう」と考える人たちが増えてきました。そしてこのような考えがますます強くなっていったのです。

それがこの権威についての論争になりました。この論争を仕掛けたのは、祭司長、律法学者、長老たちでした。この人たちは神殿の組織の中でそれぞれの役割を与えられていました。彼らはそれを自分たちの権威だと考えていました。でもその役割は、わたしたちが学校で学級委員や図書委員を決めるのと同じで、彼ら人間が決めたものです。権威などと胸を張るようなものではないのです。

でもイエスさまのなさること、お話、癒やしなどは、神さまの力、それこそ神の権威によるものでした。祭司長、律法学者、長老たちの目には、それが見えなかったのです。

イエスさまは彼らに質問をなさいました。「では、一つ尋ねるから、それに答えなさい。そうしたら、何の権威でこのようなことをするのか、あなたたちに言おう。ヨハネの洗礼は天からのものだったか、それとも、人からのものだったか。答えなさい」（29～30節）。

その質問を受けて彼らは話し合いました。「『天からのものだ』と言えば、『では、なぜヨハネを信じなかったのか』と言うだろう。しかし、『人からのものだ』と言えば……」（31～32節）。彼らが気にするのは「人の目、人の意見」でした。神さまの目ではなかったのですね。

パウロはガラテヤの信徒への手紙1章10節で「今わたしは人に取り入ろうとしているのでしょうか。それとも、神に取り入ろうとしているのでしょうか。あるいは、何とかして人の気に入ろうとあくせくしているのでしょうか。もし、今なお人の気に入ろうとしているなら、わたしはキリストの僕ではありません」と言っています。

わたしたちは神さまの権威に従う者でありたいですね。

第12章

1～12節	「ぶどう園と農夫」のたとえ
13～17節	皇帝への税金
18～27節	復活についての問答
28～34節	最も重要な掟
35～37節	ダビデの子についての問答
38～40節	律法学者を非難する
41～44節	やもめの献金

◆12章1～12節　「ぶどう園と農夫」のたとえ

イエスさまは、たとえでぶどう園の話をされました。

ある人が自分のぶどう園を農夫たちに貸して旅に出ました。収穫の時になったので、ぶどう園の収穫を受け取るために、僕を農夫たちのところへ送りましたが、農夫たちは、この僕を捕まえて袋だたきにし、何も持たせないで帰しました。ぶどう園の主人は次々に僕を送りましたが、ある者は殴られ、ある者は殺されてしまう始末でした。

でもその人にはまだ一人、愛する息子がいました。「わたしの息子なら敬ってくれるだろう」（6節）と言って、最後に息子を送りました。農夫たちは話し合いました。「これは跡取りだ。さあ、殺してしまおう。そうすれば、相続財産は我々のものになる」（7節）。そして、息子を殺し、ぶどう園の外にほうり出してしまったのです。

さて、これは何のたとえでしょうか。ぶどう園はイスラエルです。ご主人はだれでしょう。そう神さまです。神さまは人の目には見えなくなりましたが、次々に人を送って、ぶどう園の様子を知ろうとなさいました。

神さまから送られた人、それは預言者たちです。預言者が何人もイスラエルに送られてきたことは、旧約聖書にしっかり書かれています。でもイスラエルは預言者たちを大事にしませんでした。彼らは預言者たちが取り次ぐ神さまの言葉を無視して、とても神さまとは言えない偶像を拝むなどしてきました。

そのイスラエルに神さまのみ言葉をしっかり受け取ってもらい、神さまを敬い、人を愛する生活をしてほしい。そう思った神さまが、最後、この人ならちゃんと大事にしてくれるだろうと送った「愛する息子」（6節）。それがイエスさまです。

ところがイスラエルの権力者たちは、自分たちの社会やユダヤ教の体制を、自分たちの好きなように操りたかったのですね。だからその息子を殺してしまいます。

このたとえ話に続いて、こう言われています。「さて、このぶどう園の主人は、どうするだろうか。戻って来て農夫たちを殺し、ぶどう園をほかの人たちに与えるにちがいない」（9節）。確かにそのとおりになりました。使徒言行録を読んでごらんなさい。ユダヤ教から分かれた、イエスさまをキリストと信じる新しいキリスト教会は、ユダヤの外、異邦人の世界へとぐんぐん広がっていったのです。

殺されたイエスさまについては、詩編118編などを引用してこう言われています。「家を建てる者の捨てた石、これが隅（すみ）の親石となった。これは、主がなさったことで、わたしたちの目には不思議に見える」（10〜11節）。隅の親石とは、石造りの家を支える大切な石のことです。日本でいう大黒柱のようなものですね。

家を建てる者である祭司長、学者らが、「こんな石は使えない」と言って捨ててしまった石、つまりイエスさまを、神さまがお使いになって、壁やアーチをしっかり支える親石にしてくださったということです。それはわたしたち人間には考えられなかったこと、不思議なことです。

このたとえが自分たちのことを言っているのだと気づいた祭司長や学者たちは、「イエスを捕らえようとしたが、群衆を恐れた。それで、イエスをその場に残して立ち去った」（12節）のでした。

◆12章13〜17節　皇帝への税金

イエスさまを殺してしまおうという神殿側の人々は、いよいよその思いを強くして、何とかしてイエスさまを捕まえようと、あの手この手で迫り始めました。

そのような思いを持って今ここに登場する人々は、ファリサイ派、ヘロデ派です。彼らはイエスさまを敬っているふりをしながら、尋ねます。「ところで、皇帝に税金を納めるのは、律法に適っているでしょうか、適っていないでしょうか。納めるべきでしょうか、納めてはならないのでしょうか」（14節）。

イエスさまが「納めるべきだ」とおっしゃればローマの支配を良く思っていない民衆から反感を買うでしょう。「納めてはならない」とおっしゃれば、ローマ側から皇帝への反逆者と見なされるでしょう。ではイエスさまはどうお答えになったでしょう。

イエスさまは彼らの下心を見抜いていらっしゃいました。そこで「なぜ、わたしを試そうとするのか。デナリオン銀貨を持って来て見せなさい」（15節）とおっしゃいました。イエスさまは何をなさろうとしているのか。彼らが不思議に思いながら持ってくると、「これは、だれの肖像と銘か」（16節）とお聞きになります。

外国の硬貨を見たことがあるでしょう。アメリカの五〇セント硬貨にはケネディ大統領の肖像。イギリスの硬貨にはエリザベス女王やチャールズ国王の肖像が刻まれています。ユダヤのデナリオン銀貨にはローマ皇帝の肖像が刻まれていました。そこで、「皇帝のものです」と彼らが答えると、イエスさまは「皇帝のものは皇帝に、神のものは神に返しなさい」（17節）とお答えになったのです。

イエスさまは国家に税金を収めることは認めつつも、「神のもの」つまり、絶対服従の信仰は、ただ神さまにのみささげねばならないと教えてくださったのです。

ヘロデ派もファリサイ派も、イエスさまの隙（すき）のないお答えにすっかり驚いてしまいました。

◆12章18～27節　復活についての問答

「復活はないと言っているサドカイ派の人々が、イエスのところへ来て尋ねた」（18節）

サドカイ派とは、ファリサイ派と並んで、ユダヤの議会の中心となって指導的立場にあった人々でした。ただ、ファリサイ派の人々が復活を信じていたのに対して、サドカイ派の人々は全く反対で、復活などないとしていました。

ここには、サドカイ派の人々とイエスさまの問答が記されています。旧約聖書（申命記25章5節）によれば、「ある人の兄が死に、妻を後に残して子がない場合、その弟は兄嫁と結婚して、兄の跡継ぎをもうけねばならない」（19節）のです。このルールによって、七人の兄弟が次々に同じ女性を妻に迎えた場合、「復活の時、彼らが復活すると、その女はだれの妻になるのでしょうか。七人ともその女を妻にしたのです」（23節）と、サドカイ派の人々がイエスさまに質問しました。

こうしたことは日本でもありました。昔は家というものがとても大事にされていて、その家を継ぐのは男の人とされていました。ですから、長男が早く死ぬと、次男が家を継ぐことになっていました。戦争で長男が戦死すると、次男が家を継ぎましたし、時には長男の妻も子どもたちもみんな、次男の妻、子どもたちになったのです。ユダヤでも聖書に基づいて、家というものが途切れてしまわないようにしていたのです。サドカイ派としては、こういう決まりを持ち出して、復活なんてありえない、と言おうとしたのでしょう。

そこでイエスさまは、サドカイ派にこうお答えになりました。「あなたたちは聖書も神の力も知らないから、そんな思い違いをしているのではないか。死者の中から復活するときには、めとることも嫁ぐこともなく、天使のようになるのだ」（24～25節）。

パウロもコリントの信徒への手紙一15章44節でこう言っています。「自然の命の体が蒔かれて、霊の体が復活するのです。自然の命の体があるのですから、霊の体もあるわけです」。わたしたちが復活する時には今自分が持っている体ではなく、「霊の体」で復活するということですね。

サドカイ派のあなたたちはそこがわかっていないと、イエスさまはおっしゃいました。

さらに続けてイエスさまはこんな風にお話しになりました。「死者が復活することについては、モーセの書の『柴』の個所で、神がモーセにどう言われたか、読んだことがないのか。『わたしはアブラハムの神、イサクの神、ヤコブの神である』とあるではないか」（26節）。

「『柴』の個所」とは、出エジプト記3章で、モーセがイスラエルの民のリーダーとなるように神さまに召される場面です。その時、神さまがモーセに、「わたしはあなたの父の神である。アブラハムの神、イサクの神、ヤコブの神である」（出エジプト記3章6節）と自己紹介なさいました。

アブラハム、イサク、ヤコブは、モーセから見てずーっと昔の人です。それでも神さまは、どの人にとっても神さまです。アブラハムもイサクもヤコブもみな生きている時、神さまを信じ、神さまと一緒に生きた人たちでした。そういう人たちは死んでからも、生きていた時と同じように神さまと一緒なのです。

そして続けて、イエスさまは「神は死んだ者の神ではなく、生きている者の神なのだ。あなたたちは大変な思い違いをしている」（27節）とおっしゃいました。

この「死んだ者の神ではなく」がこの文章をわかりにくくしているかもしれません。でもここがとても大切なのです。ここはこういう風に読むと良いでしょう。

ずーっと昔に死んだ人でも、その人が本当に神さまとしっかりした交わりを持って生活していたなら、永遠の命をお持ちの神さまと、いつまでもご一緒できる。昔々の人でも今生きているのと同じように、神さまとの交わりに生きているのだ。それが「神は死んだ者の神ではなく、生きている者の神なのだ」という言葉の言おうとしていることです。

わたしたちはいつか死にます。けれどもわたしたちが、洗礼を受け、ぶどうの幹であるイエスさまとしっかりしたつながりを持ち続けて生活していけば、死んで今のこの体がなくなった後も、神さまのもとで生き続けるのです。

復活などないとしていたサドカイ派の人々に、イエスさまはこうしてキッチリ復活の意味を教えてあげたのです。

◆12章28～34節　最も重要な掟

サドカイ派との議論を聞いていた一人の律法学者が進み出て、イエスさまに尋ねました。「あらゆる掟のうちで、どれが第一でしょうか」（28節）。

律法学者とは聖書学者のことです。掟といえば、わたしたちは旧約聖書の十戒をまず思いますが、ユダヤ教では、創世記、出エジプト記、レビ記、民数記、申命記のモーセ五書を律法と呼びます。律法学者は、これにさらにいろいろな解釈を加えて、数えきれないほどの掟を作っていたのです。

その中で、どれが一番大事なのか、わからなくなるのも、もっともですね。

律法学者たちが数えきれないほどの掟を作ってしまったのに対して、イエスさまは律法をたった二つにまとめてお示しになりました。十戒をよく読んでみると、二つの事柄に分かれています。まず全体をまとめる言葉として「わたしは主、あなたの神、あなたをエジプトの国、奴隷の家から導き出した神である」（出エジプト記20章2節）とあって、続く第一戒から第四戒までは、それだから神さまを大事にしなさいという戒めです。そして第五戒から第十戒までは人間関係を大事にしなさいという内容です。

そこでイエスさまはこうおっしゃいました。「第一の掟は、これである。『イスラエルよ、聞け、わたしたちの神である主は、唯一の主である。心を尽くし、精神を尽くし、思いを尽くし、力を尽くして、あなたの神である主を愛しなさい。』第二の掟は、これである。『隣人を自分のように愛しなさい。』この二つにまさる掟はほかにない」（29～31節）。

どうです。見事なものですね。これにはさすがの律法学者も感心したのです。

イエスさまはこの律法学者がご自分の話をしっかり受け止めているのを喜ばれ、「あなたは、神の国から遠くない」（34節）と言われました。それ以上イエスさまに質問しようとする者は出てきませんでした。

◆12章35〜37節　ダビデの子についての問答

旧約聖書の中に出てくるイザヤとかエゼキエルといった預言者によって、いつかこの世にダビデの跡継ぎであるメシア、つまり救い主が来てくださることが伝えられました。ユダヤの人々はこの「ダビデの子」が現れるのを待っていたのです。そのダビデの子について、イエスさまが「どうして律法学者たちは、『メシアはダビデの子だ』と言うのか」（35節）と疑問を示されました。

その問いに続けて、イエスさまはダビデがこう言っているではないか、と詩編110編を引用します。「主は、わたしの主にお告げになった。『わたしの右の座に着きなさい。わたしがあなたの敵を　あなたの足もとに屈服させるときまで』と」（36節）。最初の「主」は神さま、次の「わたしの主」は救い主のことです。ダビデも救い主を「主」と呼んでいるではないか、だから救い主が「ダビデの子」であるはずはない、とおっしゃったのです。

イエスさまは「ダビデの子」以上の「神の子」なのです。たくさんの人々は、このイエスさまのお言葉に、喜んで耳傾けました。

◆12章38〜40節　律法学者を非難する

イエスさまがこのように教えてくださいました。「律法学者に気をつけなさい。彼らは、長い衣をまとって歩き回ることや、広場で挨拶（あいさつ）されること、会堂では上席、宴会では上座に座ることを望み、また、やもめの家を食い物にし、見せかけの長い祈りをする」（38〜40節）。

律法学者たちは人目を気にしています。他の人から「あの人は神さまに忠実に従って生きている」と思ってもらいたいので、人前で長い祈りをしてみせたり、自分には権威があるのだと思わせたくて、長い衣を着てみんなの前を歩き回ったりしているのです。しかし心の中では自分の考えが一番だと思っていて、ちっとも神さまを一番にはしていませんでした。

「やもめの家を食い物にし」とは、夫を亡くしたやもめたちが神殿で奉仕してくれるのをよいことに、無理に供え物を持って来させたりすることを言っているのだそうです。律法学者は、裏ではそんなことさえしていたのです。

彼らの見かけばかりつくろう心を、イエスさまは鋭く見抜いていらっしゃいました。

◆12章41〜44節　やもめの献金

当時のユダヤ人たちは男の人が仕事をして生活費を得、女の人は家事をこなし、夫が手に入れた賃金で家を支えていました。だから一家の稼ぎ手である夫を亡くすと、たちまち生活に困ります。もう一銭も家にはお金が入ってきませんから、周りの地域社会が、やもめが暮らしていけるよう世話をすることになっていました。聖書でそのことがちゃんと示されていました（申命記14章29節ほか）。

神殿の庭にいらしたイエスさまは、人々が献金をする様子を遠くからじっと見ていらっしゃいました。お金持ちがたくさん献金しています。そこに「一人の貧しいやもめが来て、レプトン銅貨二枚、すなわち一クァドランスを入れた」（42節）のです。

レプトン銅貨とは、ユダヤのお金の中の一番少額の銅貨です。その銅貨二枚が彼女の生活費のすべてでしたが、それをささげてしまったのです。

イエスさまは弟子たちを呼び寄せて言われました。「はっきり言っておく。この貧しいやもめは、賽銭箱（さいせんばこ）に入れている人の中で、だれよりもたくさん入れた。皆は有り余る中から入れたが、この人は、乏しい中から自分の持っている物をすべて、生活費を全部入れたからである」（43〜44節）。

イエスさまは彼女の入れたお金の額ではなく、彼女の心を見ておられたのです。

第13章

1～2節	神殿の崩壊を予告する
3～13節	終末の徴
14～23節	大きな苦難を予告する
24～27節	人の子が来る
28～31節	いちじくの木の教え
32～37節	目を覚ましていなさい

◆13章1～2節　神殿の崩壊を予告する

イエスさまが神殿の境内(けいだい)を出て行かれる際、弟子の一人が言いました。「先生、御覧ください。なんとすばらしい石、なんとすばらしい建物でしょう」（1節）。

ヘロデ大王が拡大再建した当時のエルサレム神殿は、とても豪華な建物でした。しかしイエスさまは言われたのです。「これらの大きな建物を見ているのか。一つの石もここで崩されずに他の石の上に残ることはない」（2節）。

それから数十年後、紀元七〇年、この神殿はエルサレムの都に攻め込んできたローマ軍によって、破壊されてしまいます。イエスさまはそのことを預言なさったのです。

それは今まで読んできた、「いちじくの木を呪う」「神殿から商人を追い出す」「『ぶどう園と農夫』のたとえ」「律法学者を非難する」などに表された、神殿礼拝を中心にした当時の腐敗した宗教体制が、どのような結末を迎えるかの預言だったように思えます。

◆13章3〜13節　終末の徴

イエスさまが神殿の崩壊について話されるのを聞いた弟子たちは、「そのことはいつ起こるのですか。また、そのことがすべて実現するときには、どんな徴があるのですか」（4節）と尋ねます。するとイエスさまは神殿の終わりだけでなく、この世の終わり、終末のことも含めて語り始められました。

その時には、イエスさまの名を名乗る者が大勢現れて、「『わたしがそれだ』と言って、多くの人を惑わす」（6節）ことになります。しかし「戦争の騒ぎや戦争のうわさを聞いても、慌ててはいけない。そういうことは起こるに決まっているが、まだ世の終わりではない」（7節）とイエスさまが教えてくださいます。

地震、飢饉などさまざまな混乱が起こるかもしれません。しかし、その中でどうしてもわたしたちがしなければならないこととして、「まず、福音があらゆる民に宣べ伝えられねばならない」（10節）とイエスさまはおっしゃいます。なぜなら福音にしっかり立つ時、わたしたちは惑わされないからです。このことは聖書の他の箇所にも記されています。例えば、テモテへの手紙二3章14〜15節に「だがあなたは、自分が学んで確信したことから離れてはなりません。あなたは、それをだれから学んだかを知っており、また、自分が幼い日から聖書に親しんできたことをも知っているからです。この書物は、キリスト・イエスへの信仰を通して救いに導く知恵を、あなたに与えることができます」とあります。惑わす者たちに巻き込まれないために、しっかり聖書に聴き続けることを勧めています。

福音にしっかり立つなら、混乱の中でもわたしたちは次のような安心をいただくことができます。「引き渡され、連れて行かれるとき、何を言おうかと取り越し苦労をしてはならない。そのときには、教えられることを話せばよい。実は、話すのはあなたがたではなく、聖霊なのだ」（11節）。わたしたちの信じるイエス・キリストは、そして聖霊は、いつも一緒にいてくださる救い主なのです。

混乱の中では家族で殺し合うようなことさえ起こるかもしれません。イエスさまを信じる者は迫害も受けるでしょう。「しかし、最後まで耐え忍ぶ者は救われる」（13節）とイエスさまが約束してくださいます。

わたしたち一人で耐え忍ぶのではありません。神さまが耐え忍ぶ者を助けてくださるのです。わたしたち主を信じる者はどんな時も一人ぼっちになることはない。これを忘れてはなりません。

◆13章14～23節　大きな苦難を予告する

大きな苦難の中では、ただ命を大事にして避難するほかありません。しかし、そのすべてを神さまが見ておられ、憐れみをもってその期間を縮めてくださるのです。そのことが書いてある箇所です。

「憎むべき破壊者が立ってはならない所に立つのを見たら――読者は悟れ――、そのとき、ユダヤにいる人々は山に逃げなさい」（14節）。「立ってはならない所」とは聖なる所、神殿、聖所のことです。破壊者が聖所に立っているのを見たら、キリスト者のあなたたちは「山に逃げなさい」。山には洞穴など身を隠すところがあるので、逃げ場でした。「屋上にいる者は下に降りてはならない。家にある物を何か取り出そうとして中に入ってはならない。畑にいる者は、上着を取りに帰ってはならない」（15～16節）。津波警報を聞いたら、何をおいても山に逃げるのと同じです。それほど急を要するのだと言っています。

以前にも、イエスさまは「人は、たとえ全世界を手に入れても、自分の命を失ったら、何の得があろうか。自分の命を買い戻すのに、どんな代価を支払えようか」（8章36～37節）と、命の尊さを教えてくださいました。それでもわたしたちは、命を神さまからいただいていることを忘れて、自分で自由にできる所有物のように思っていないでしょうか。神さまからいただいた命を、いつでも大切にすること。このことをしっかり心に留めましょう。

こうした、これまで経験したことのない大きな苦難の中でも、神さまが共にいてくださるとイエスさまはおっしゃいます。「主がその期間を縮めてくださらなければ、だれ一人救われない。しかし、主は御自分のものとして選んだ人たちのために、その期間を縮めてくださったのである」

（20節）。

イザヤ書1章9節にもこうあります。「もし、万軍の主がわたしたちのために　わずかでも生存者を残されなかったなら　わたしたちはソドムのようになり　ゴモラに似たものとなっていたであろう」。ソドムもゴモラも滅ぼされた町です。しかし神さまが守ってくださり、生存者を残してくださったのです。

イエスさまも、苦難の中にあるわたしたちから目をお離しにならない方がいらっしゃると教えてくださっています。ここに、わたしたちの望みがあります。

最後にイエスさまがもう一度警告してくださいます。「偽メシアや偽預言者が現れて……選ばれた人たちを惑わそうとするからである。だから、あなたがたは気をつけていなさい。一切の事を前もって言っておく」（22～23節）。

改めて、わたしたちがいつもみ言葉に耳を傾けて生きていかなければならないことを思わされます。

◆13章24～27節　人の子が来る

自分の命を守って、避難しなければならないような苦難の後に起こるのは、「人の子が大いなる力と栄光を帯びて雲に乗って来る」（26節）という出来事です。

人の子とはイエスさまのこと。つまり再臨の予告です。クリスマスの時に地上にお生まれになったイエスさまは、十字架と復活の後、天にお帰りになりましたね。でも神さまの定めた時に、もう一度、この地上にイエスさまが帰って来てくださる。これが再臨です。教会では、この時のことを、終末とも言います。

天体の光るものがみな光を失った中に、光の中の光、本当の光が来てくださるのですね。そしてイエスさまが、選ばれた人たちを世界中から呼び集めてくださるのです。

わたしたちは「選ばれた民」の中に入っているでしょうか。どうしたら「選ばれた民」になれますか。

◆13章28〜31節　いちじくの木の教え

わたしたちは、四季の移り変わりを植物の成長から知ることができます。

いちじくは、イエスさまの育った地域ではどこにでもある木でした。その「枝が柔らかくなり、葉が伸びると、夏の近づいたことが分かる。それと同じように、あなたがたは、これらのことが起こるのを見たら、人の子が戸口に近づいていると悟りなさい」（28〜29節）。

「これらのこと」とは、直前に書かれている大きな苦難の到来のことです。しかし苦難は苦難のままでは終わらず、希望が待っています。イエスさまが来てくださるのです。

「天地は滅びるが、わたしの言葉は決して滅びない」（31節）。神さまのお言葉は不滅です。うれしいことも苦しいことも人生には起こりますが、わたしたちが生涯を通して何を一番大事にしていけばいいのか。この言葉がはっきり示してくれていますね。

◆13章32〜37節　目を覚ましていなさい

イエスさまがまたわたしたちの所に来てくださる、この再臨の時がいつかをご存じなのは神さまだけです。それがいつなのか、他のだれもわからないのです。

「それは、ちょうど、家を後に旅に出る人が、僕たちに仕事を割り当てて責任を持たせ、門番には目を覚ましているようにと、言いつけておくようなものだ」（34節）とイエスさまは教えてくださっています。

そしてこう続きます。「だから、目を覚ましていなさい。いつ家の主人が帰って来るのか、夕方か、夜中か、鶏の鳴くころか、明け方か、あなたがたには分からないからである。主人が突然帰って来て、あなたがたが眠っているのを見つけるかもしれない」（35〜36節）。それはちょっとまずいですね。

「目を覚ましている」とは心の目、信仰の目をしっかり開いていることです。いつも生き生きとした信仰を保っていなければなりません。

第14章

1〜2節	イエスを殺す計略
3〜9節	ベタニアで香油を注がれる
10〜11節	ユダ、裏切りを企てる
12〜21節	過越の食事をする
22〜26節	主の晩餐
27〜31節	ペトロの離反を予告する
32〜42節	ゲツセマネで祈る
43〜50節	裏切られ、逮捕される
51〜52節	一人の若者、逃げる
53〜65節	最高法院で裁判を受ける
66〜72節	ペトロ、イエスを知らないと言う

◆14章1〜2節　イエスを殺す計略

「さて、過越祭（すぎこしさい）と除酵祭（じょこうさい）の二日前になった」（1節）。過越祭はユダヤではとても大切なお祭りです。昔、ユダヤの人々がエジプトで奴隷の生活をしていたことがありました。その苦しい叫び声を聞き取ってくださった神さまは、ユダヤの人々をエジプトから脱出させようとなさいます。エジプト王が抵抗する中、いよいよ脱出の日が来ます。

神さまは脱出に備え、民のリーダーとされたモーセに告げます。「家族ごとに羊を取り、過越の犠牲を屠（ほふ）りなさい。そして、一束のヒソプを取り、鉢の中の血に浸し、鴨居と入り口の二本の柱に鉢の中の血を塗りなさい」（出エジプト記12章21〜22節）。ヒソプは香り高い植物です。

この後、神さまはエジプト人に災いを下すのですが、血を塗ったユダヤ人たちの家は過ぎ越してくださったのです。こうしてユダヤの人々がエジプトから救い出されました。この出エジプトの救いの出来事を思い出す過越祭は、現在まで毎年続けられています。

除酵祭は、出エジプトの際に、酵母を入れないパンを食べたことに由来するお祭りです。

このお祭りの二日前になって「祭司長たちや律法学者たちは、なんとか計略を用いてイエスを捕らえて殺そうと考えていた。彼らは、『民衆が騒ぎだすといけないから、祭りの間はやめておこう』と言っていた」(1～2節)。

「民衆が騒ぎだす」とあるように、この時、都にはたくさんの人々が集っていました。昔、ユダヤはバビロニアという大きな国に滅ぼされたことがありました。五〇年近くたって、一部の人々はまたユダヤに戻ることはできましたが、散り散りになっていろんな所に住み着いた人もいました。でも彼らは、ユダヤ人であることにこだわりがありましたから、過越祭のような大きな行事のある時には、それぞれの地方からはるばるエルサレムに礼拝のために集まってきたのです。

祭司長や律法学者たちは、集まってきた人々がイエスさまを支持していることを知っていましたから、その人々に反対されることを大変恐れていました。

◆14章3～9節　ベタニアで香油を注がれる

教会ではとても有名なお話です。女性がイエスさまに香油を注ぐ場面は、四つの福音書にありますが、それぞれに違った書き方をしています。今わたしたちはマルコ福音書の言っていることから学びましょう

「イエスがベタニアで重い皮膚病の人シモンの家にいて、食事の席に着いておられたとき」(3節)のことです。当時、重い皮膚病にかかっている人は汚れていると見なされていました。しかしイエスさまは、そのシモンの友だちであり、一緒にご飯を食べていました。

そこに一人の女性がやってきます。そして「純粋で非常に高価なナルドの香油の入った石膏(せっこう)の壺を持って来て、それを壊し、香油をイエスの頭に注ぎかけた」のです。

「ナルドの香油」はヒマラヤ山中の植物からとれる香油で、ユダヤでは輸入品になりますから、とても値段が高かったのです。「純粋」というのは混ぜ物が一切ないということを強調しています。

そこにいた人たちが憤慨して言いました。「なぜ、こんなに香油を無駄遣いしたのか。この香油は三百デナリオン以上に売って、貧しい人々に施すことができたのに」（4〜5節）。「そこにいた人」はお弟子さんたちだったでしょう。貧しい人々に寄り添ってこられたイエスさまの弟子ですから、貧しい人々を助ける気持ちはとても強かったはずです。それで思わず「ああもったいない」となったのです。

聖書の後ろの度量衡表（どりょうこうひょう）によると、一デナリオンは当時の一日分の給料です。三百デナリオンはとんでもない大金で、弟子たちの思いもわかります。弟子たちは一生懸命イエスさまに従っていこうとしていました。でも一生懸命のあまり、いつのまにか心が固くなってしまうことがあります。そしてちょっとでも「これは違うな」と思うと、人を責めたりするようになるのです。それが「何という無駄なことをするのだ！」という言葉になったのでしょう。

イエスさまは弟子たちに言われました。「するままにさせておきなさい。なぜ、この人を困らせるのか。……この人はできるかぎりのことをした。つまり、前もってわたしの体に香油を注ぎ、埋葬の準備をしてくれた」（6、8節）。ユダヤでは死んだ人を埋葬する前に、遺体に丁寧に油を塗る習慣がありました。この女性はわたしに対する愛の心で、精いっぱい油注ぎをしたのですよ、と弟子たちをお諭しになったのです。イエスさまはご自分の死が近いことをご存じでした。

「はっきり言っておく。世界中どこでも、福音が宣べ伝えられる所では、この人のしたことも記念として語り伝えられるだろう」（9節）

そのとおりこれは今、教会で、だれもが知っている出来事になりました。『讃美歌』（54年版）の391番、『讃美歌21』の567番にも歌われ、好きな賛美歌にあげる信徒も多いのです。この女性にならい、わたしたちも全身全霊でイエスさまを愛するようになりたいと願います。

◆14章10〜11節　ユダ、裏切りを企てる

イエスさまの十二弟子の一人、イスカリオテのユダが祭司長たちのところへ出かけて行きます。イエスさまを彼ら

に引き渡すためでした。

ヨハネによる福音書13章29節に「ユダが金入れを預かっていた」とありますから、ユダはとてもまじめで几帳面（きちょうめん）な人だったのではないでしょうか。また同じヨハネによる福音書12章5節には、イエスさまに香油を注いだ女に「なぜ、この香油を三百デナリオンで売って、貧しい人々に施さなかったのか」と責めたのは、このイスカリオテのユダだったと書いてあります。ユダも貧しい人々を助けることを願っていましたが、イエスさまのなさり方が自分の考えと違っていたのです。ユダは、この人のやり方ではだめだと考えて、イエスさまを裏切ったように思えます。

祭司長たちはユダの思いを聞いて、「しめた」と思ったでしょう。ユダに「ごほうびにお金をやるぞ」と約束し、イエスさまを捕まえる時をねらい始めました。

◆14章12〜21節　過越の食事をする

「除酵祭の第一日、すなわち過越の小羊を屠る日」（12節）がやってきました。

前に記したように過越祭は、神さまがイスラエルの民をエジプトの奴隷生活から助け出してくださった恵みを思い出すお祭りです。エジプト脱出のため大急ぎで用意した食事を思い出すため、この祭りの最初の日に、酵母を入れないパン、子羊の肉、エジプトでの苦難をあらわす苦菜（にがな）、ブドウの実からできた飲み物などで過越の食事をします。

そこで弟子たちがイエスさまに「過越の食事をなさるのに、どこへ行って用意いたしましょうか」（13節）と尋ねたところ、イエスさまは、「都へ行きなさい。すると、水がめを運んでいる男に出会う。その人について行きなさい」と命じます。その人が二階の広間を見せてくれるから、そこに食事の準備をしなさい、と。

二人の弟子が都に行ってみるとイエスさまがおっしゃったとおりのことが起こったので、大きな家の二階広間に席を整えました。夕方、みなそこに集まり、いよいよ食事が始まりました。

すると、イエスさまは突然、「はっきり言っておくが、あなたがたのうちの一人で、わたしと一緒に食事をしている者が、わたしを裏切ろうとしている」（18節）とおっしゃったのです。それを聞いた弟子たちは、「まさかわたしのことでは」（19節）と代わる代わる言い始めました。

イエスさまは言葉を継いで、おっしゃいました。「十二人のうちの一人で、わたしと一緒に鉢に食べ物を浸している者がそれだ。人の子は、聖書に書いてあるとおりに、去って行く。だが、人の子を裏切るその者は不幸だ。生まれなかった方が、その者のためによかった」（20～21節）。

「人の子」とはイエスさまのことです。ひとつの鉢から一緒に食事をしている、本当なら家族のように親しい間柄である者たちの中から、裏切り者が出てくるというのです。その人は本当に不幸です。

イエスさまのお言葉を聞いて、弟子たちはすっかり凍り付いたようになったでしょう。

◆14章22～26節　主の晩餐

イエスさまと弟子たちの過越の食事が始まります。その様子がこんなふうに描かれています。「イエスはパンを取り、賛美の祈りを唱えて、それを裂き、弟子たちに与えて言われた。『取りなさい。これはわたしの体である。』また、杯を取り、感謝の祈りを唱えて、彼らにお渡しになった。彼らは皆その杯から飲んだ。そして、イエスは言われた。『これは、多くの人のために流されるわたしの血、契約の血である』」（22～24節）。

この食事が、現在も教会で受け継いで守り続けている、聖餐のもとになったのです。過越の食事は、家族ごとに祝いました。それを受け継いで教会が聖餐を守るのは、教会が神の家族であることを表しています。

また「契約」とは約束のことです。イエスさまの血によって、わたしたちの罪を赦していただけるという神さまの約束です。だから教会はこの神さまのお約束をいつも心に留め、このお約束にこたえるような生活をしようと心掛けている群れなのです。

イエスさまが救い主だという信仰を、教会のみなさんの前ではっきり告白し、洗礼を受け「神の民の一人」とされた人たちが、この聖餐を受けることができます。教会ではこの聖餐を受けるたびに、イエスさまの十字架の犠牲によって、自分たちが神の民とされたことを、改めて心に刻み、感謝するのです。

「はっきり言っておく。神の国で新たに飲むその日まで、ぶどうの実から作ったものを飲むことはもう決してあるまい」（25節）。天の国であなたがたと再び会う日まで、お別れですと、イエスさまは告別の言葉をお語りになりました。

◆14章27〜31節　ペトロの離反を予告する

「オリーブ山」（26節）は都エルサレムの東にありオリーブの木を栽培している丘でした。丘のふもとには、オリーブの実を絞ってオリーブ油を採るゲッセマネ（「油しぼり」という意味）の園がありました。

そのオリーブ山に行く途中、イエスさまは弟子たちに、「あなたがたは皆わたしにつまずく」（27節）と予告します。そして旧約聖書の言葉（ゼカリヤ書13章7節）を引用して、「わたしは羊飼いを打つ。すると、羊は散ってしまう」とおっしゃいました。羊飼いはイエスさま、羊は弟子たちを表しています。

さらに続けてイエスさまは「しかし、わたしは復活した後、あなたがたより先にガリラヤへ行く」（28節）とおっしゃったのですが、その言葉を弟子たちはちゃんと聞いたでしょうか。弟子たちには「皆つまずく」とのイエスさまのお言葉だけが、ガンと響いたのかもしれません。

それを聞いてペトロは「たとえ、みんながつまずいても、わたしはつまずきません」（29節）と誓います。しかしイエスさまは、「はっきり言っておくが、あなたは、今日、今夜、鶏が二度鳴く前に、三度わたしのことを知らないと言うだろう」（30節）とペトロにおっしゃるのです。

ペトロは力を込めてそれを打ち消し、他の弟子たちも同じように口々に誓いました。イエスさまが「わたしは復活した後……」と、とても大事なことをおっしゃっているのに、弟子たちの耳にはまるで入っていないように見えます。そういう弟子たちを、イエスさまは優しい目でジーっと見つめていらっしゃったに違いありません。

◆14章32〜42節　ゲッセマネで祈る

弟子たちと一緒にゲッセマネに来られたイエスさまは弟子たちに、「わたしが祈っている間、ここに座っていなさい」（32節）とおっしゃり、いつもご自分の近くにいた、ペトロ、ヤコブ、ヨハネの三人だけを連れて少し先に進まれました。そして突然「ひどく恐れてもだえ始め」（33節）られたのです。

この苦しみのお姿は、イエスさまが神の座を捨てて、わたしたち人間の姿になってくださった証しのように思えます。イエスさまは、近くにいるペトロ、ヤコブ、ヨハネに「わたしは死ぬばかりに悲しい。ここを離れず、目を覚ましていなさい」（34節）とおっしゃり、地面にひれ伏してしまわれました。

そしてイエスさまは祈りのうちに、こうおっしゃいました。「アッバ、父よ、あなたは何でもおできになります。この杯をわたしから取りのけてください」（36節）。アッバとは、お父さんを親しく呼ぶ言葉です。愛する神さまに向けてイエスさまはきっと、いつも、「アッバ」と呼びかけていたのでしょう。杯は十字架の苦しみのことです。そして十字架の死とは、イエスさまが、わたしたち人間の罪をすっかり負って、神さまに罰せられることです。

神さまに罰せられることを、わたしたちはイエスさまがお感じになるほど、恐ろしいことに思えていないかもしれません。罪にとらわれているわたしたちは、神の罰の恐ろしさがわかっていないのです。

神の罰を受けて捨てられる。神の子イエスさまにとってそれは、とんでもなく恐ろしいことです。この恐ろしさから逃れたい。それは神さまの子ならではの恐れ、苦しみでした。だからこそイエスさまは、「アッバ、父よ、あなたは何でもおできになります。この杯をわたしから取りのけてください」と祈られました。

でもイエスさまの祈りはそこで終わりません。「しかし、わたしが願うことではなく、御心に適うことが行われますように」。そこはやはりイエスさま。神さまのなされることが一番であることをよくよくご存じでした。すべてを神さまに明け渡されたのです。

でもその時、弟子たちは眠り込んでいました。人々の罪を一身に負って十字架に付こうと思っていらっしゃるイエスさま。これに対して、肉体の弱さに負け、いねむりするしかない人間の姿。あまりにも対照的です。

イエスさまは三度の祈りをささげ、最後に弟子たちにおっしゃいました。「あなたがたはまだ眠っている。休んでいる。もうこれでいい。時が来た。人の子は罪人たちの手に引き渡される。立て、行こう。見よ、わたしを裏切る者が来た」（41～42節）。

こうしてイエスさまは孤立無援の姿で、捕らえに来た者たちの前に出ていらっしゃったのです。

◆14章43～50節　裏切られ、逮捕される

そこに十二弟子の一人であるユダが進み寄って来ます。祭司長、律法学者、長老たちの遣わした群衆も一緒でした。「ユダはやって来るとすぐに、イエスに近寄り、『先生』と言って接吻した。人々は、イエスに手をかけて捕らえた」（45～46節）。愛情表現であるはずの接吻（口づけ）が、この人がイエスさまであると、周りの人に伝える合図になっていたのです。ユダの罪深さを思わされます。

イエスさまはいとも簡単に、捕らえに来た人たちに捕まってしまいました。イエスさまの弟子が反撃しようとしますが、この弟子にイエスさまがおっしゃった言葉が、ヨハネによる福音書に記されています。「剣をさやに納めなさい。父がお与えになった杯は、飲むべきではないか」（18章11節）。イエスさまにとってこの逮捕はあくまで「父がお与えになった杯」の始まりだったのです。

弟子たちはみな、イエスさまを見捨てて逃げ出しました。

◆14章51～52節　一人の若者、逃げる

不思議な記事です。「一人の若者が、素肌に亜麻布をまとってイエスについて来ていた。人々が捕らえようとすると、亜麻布を捨てて裸で逃げてしまった」（51～52節）。その慌てぶりが目に見えるようです。この若者は福音書

を書いたマルコだという理解もありますが、確かなことはわかりません。なぜ、この若者のことが記されているのでしょう。

想像するしかありませんが、この若者は後に伝道者になったのかもしれません。自分の裏切りにもかかわらず、新しく生まれたキリストの教会で、伝道者として大事な御用に用いられたことへの悔いと感謝とを、残したかったのではないかとわたしには思えるのです。初代教会の力は弟子たちの「赦された」という感謝と喜びから生まれました。

◆14章53～65節　最高法院で裁判を受ける

イスカリオテのユダの手引きでイエスさまを捕らえた人々は、イエスさまを大祭司の屋敷に引っ張ってきました。祭司長、長老、律法学者たちが集まってきます。

弟子たちは散り散りに逃げてしまっていましたが、ペトロだけはイエスさまのことが気になって、イエスさまを連行する人々の後ろからそっとついていきました。そのペトロについて書かれた53～54節は、66～72節につながって一つの物語となっており、その中にイエスさまの裁判についての記述（55～65節）がはさみ込まれています。

さて、そのイエスさまの裁判です。「祭司長たちと最高法院の全員は、死刑にするためイエスにとって不利な証言を求めたが、得られなかった」（55節）のです。最高法院とは大祭司を議長とする議会です。イエスさまを死刑にするため、イエスさまに不利な証言を引き出そうと、手を尽くしますが、なかなかそれが得られません。たくさんの偽証言が出てきましたが、お互いに食い違って、まとまらないのです。

とうとうたまりかねた大祭司は立ち上がり、真ん中に出てきて、イエスさまに「この者たちがお前に不利な証言をしているが、どうなのか」（60節）と詰め寄りました。しかしイエスさまは口をお開きになりません。

大祭司は重ねて、「お前はほむべき方の子、メシアなのか」（61節）と尋ねると、イエスさまはそこで初めて口を開き、「そうです」（62節）とお答えになりました。大祭司は、イエスさまがメシアを自称していることを神への冒瀆と見なし、大声で言いました。「諸君は冒瀆の言葉を聞いた。どう考えるか」（64節）。最高法院一同はそれに答えて、イエスさまを死刑にすべきだと決議してしまったのです。そしてイエスさまに侮辱を加えました。

人間の罪や愚かさが明らかになる場面です。

◆14章66〜72節　ペトロ、イエスを知らないと言う

大祭司の屋敷で裁判が進む中、ペトロは身を潜めて、庭で焚き火にあたりながら様子をうかがっていました。すると大祭司に仕えていた女中がペトロにジーっと目を留め、「あんた、あのイエスって男と一緒にいたでしょ」と言うのです。心臓が縮み上がりそうになったペトロの口を突いて出た言葉は「あなたが何のことを言っているのか、わたしには分からないし、見当もつかない」（68節）でした。

ペトロは立ち上がると出口の方へ出ていきました。すると鶏が鳴きました。明け方が近かったのです。

しばらくして今度は、居合わせた人々が、ペトロはイエスさまの仲間だと言い始めます。ペテロの言葉にはガリラヤのなまりがあったからでしょう。ペトロは懸命に否定します。

さらに周りの人が同じように言い始めると、「ペトロは呪いの言葉さえ口にしながら、『あなたがたの言っているそんな人は知らない』と誓い始めた」（71節）のです。仲間だと知られたら、自分もイエスさまと同じように苦しめられるかもしれない。そう恐れてペトロは、イエスさまと自分が無関係であることを必死に証明しようとしました。

するとすぐ、鶏が再び鳴きました。ペトロは、「鶏が二度鳴く前に、あなたは三度わたしを知らないと言うだろう」（72節。30節参照）とイエスさまが言われた言葉を思い出して、いきなり泣きだしました。

これはペトロが悔やんでも悔やみきれない、一生抱え続けなければならない大きな、大きな裏切りでした。しかし復活なさったイエスさまは、このペトロを赦し、新しい出発に押し出し、さらに弟子として用いてくださるのです（16章7節）。

第15章

1～5節	ピラトから尋問される
6～15節	死刑の判決を受ける
16～20節	兵士から侮辱される
21～32節	十字架につけられる
33～41節	イエスの死
42～47節	墓に葬られる

◆15章1～5節　ピラトから尋問される

祭司長、律法学者たちはとにもかくにもイエスさまを有罪とはしましたが、ユダヤの最高法院に人を死刑にする権限はありませんでした。そこでローマ総督のピラトの所に、イエスさまを引っ張っていったのです。

イエスさまの当時、ユダヤはローマの支配下にあり、ローマ皇帝が直接派遣する総督によって治められていました。その総督ピラトに対して、祭司長たちがいろいろ訴えるのですが、イエスさまは沈黙を守っています。そこでピラトが尋ねました。「何も答えないのか。彼らがあのようにお前を訴えているのに」（4節）。

マルコは祭司長たちの訴えの内容は記していませんが、ルカによる福音書によると、「この男はわが民族を惑わし、皇帝に税を納めるのを禁じ」た（23章2節）だとか、「この男は、ガリラヤから始めてこの都に至るまで、ユダヤ全土で教えながら、民衆を扇動（せんどう）しているのです」（同5節）など、ローマに対して罪を犯していると訴えたのです。でもイエスさまは、ピラトが不思議に思うほど何もおっしゃいません。

それはイザヤ書53章7節の預言が指し示す救い主の姿、「苦役を課せられて、かがみ込み　彼は口を開かなかった。屠り場に引かれる小羊のように　毛を刈る者の前に物を言わない羊のように　彼は口を開かなかった」、そのままでした。

◆15章6〜15節　死刑の判決を受ける

「祭りの度ごとに、ピラトは人々が願い出る囚人を一人釈放していた」（6節）。だれを釈放するか、ということになった時に、ピラトはイエスさまのことを考えます。しかし「祭司長たちは、バラバの方を釈放してもらうように群衆を扇動した」（11節）のです。群衆は「釈放するのはバラバだ！」と叫びました。

「それでは、ユダヤ人の王とお前たちが言っているあの者は、どうしてほしいのか」（12節）。ピラトが尋ねると、群衆は「十字架につけろ！」と叫びます。とうとうピラトは「群衆を満足させようと思って、バラバを釈放した。そして、イエスを鞭打ってから、十字架につけるために引き渡した」（15節）のです。

罪人であるバラバが解放されて、神の子であるイエスさまが十字架にかけられることになりました。わたしたちは、バラバのところに自分をあてはめることができます。本当なら罪あるわたしが受けるべき苦しみを、イエスさまが代わりに負ってくださったのです。

◆15章16〜20節　兵士から侮辱される

ピラトの尋問は屋外で行われたのでしょう。死刑判決が出たイエスさまを、総督官邸の中へと連れて行きました。

そして兵士たちは、イエスさまに「紫の服を着せ、茨の冠を編んでかぶらせ、『ユダヤ人の王、万歳』と言って敬礼し始めた」（17〜18節）のです。紫の服は王の衣装に、茨の冠は王の冠に重ねられているのでしょう。兵士たちはイエスさまを王に見立てて、あざわらいました。まことの王、まことの救い主が目の前にいるとも知らずに……。そして、暴力を振るった後で、十字架につけるために外へ引き出しました。

イエスさまのこの姿に、イザヤ書50章5～6節の「わたしは逆らわず、退かなかった。打とうとする者には背中をまかせ　ひげを抜こうとする者には頰をまかせた。顔を隠さずに、嘲りと唾を受けた」を思い出します。侮辱を受けても沈黙を守るイエスさまの心には、イザヤ書50章7節の「主なる神が助けてくださるから　わたしはそれを嘲りとは思わない」という信仰があったにちがいありません。

◆15章21～32節　十字架につけられる

外へ引き出されたイエスさまは、ゴルゴタの丘に向かう坂道を十字架の横木を担がされて登り始めました。しかし横木だけでも重いのです。イエスさまはそれに押しつぶされそうによろよろと歩かれたのでしょう。「アレクサンドロとルフォスとの父でシモンというキレネ人が、田舎から出て来て通りかかったので、兵士たちはイエスの十字架を無理に担がせた」（21節）。キレネは北アフリカです。シモンは、お祭りのためにエルサレムに来ていたのかもしれません。イエスさまの十字架を担ぐお手伝いをしたことは、彼にとって忘れられない経験になったでしょう。

ようやくイエスさまはゴルゴタの丘の上の刑場に着きました。兵士たちは、麻酔薬として「没薬を混ぜたぶどう酒」（23節）をイエスさまに飲ませようとしましたが、イエスさまはお受けになりませんでした。

兵士たちはシモンに運ばせてきた十字架の横木と、刑場に用意してあった縦の柱を組み合わせ、イエスさまを十字架にくぎ付けにしました。そしてイエスさまからはぎ取った服を分け合いました。だれが何を取るかはくじ引きで決めたのです。詩編22編19節に「わたしの着物を分け　衣を取ろうとしてくじを引く」という言葉がありますが、そのとおりでした。

「イエスを十字架につけたのは、午前九時であった。罪状書きには、『ユダヤ人の王』と書いてあった」（25～26節）

この時、ゴルゴタの丘の上に立った十字架は三つありました。イエスさまの左右には二人の強盗が十字架につけられていました。強盗にとっては苦しみの極みにおいて、救い主が一緒にいてくださったことを意味しています。

しかし残念ながら、この時、強盗も周りの人も、十字架にかけられているのが、わたしたちの苦しみを負ってくださる救い主であることに気づけませんでした。イエスさまは人々から罵詈雑言（ばりぞうごん）を浴びながら、黙って十字架にかかっていらっしゃいました。

◆15章33～41節　イエスの死

「昼の十二時になると、全地は暗くなり、それが三時まで続いた」（33節）。イエスさまが十字架にかけられたのは朝の九時でしたから、実に六時間がたったのです。十字架の刑は、銃で撃たれるとか、首をはねられるのと違って、たいへんな苦しみが続きます。

そして三時にイエスさまは大声で叫ばれました。「エロイ、エロイ、レマ、サバクタニ」（34節）。これはイエスさまがいつも話されていたアラム語で、「わが神、わが神、なぜわたしをお見捨てになったのですか」という意味です。

これは詩編22編2節の言葉です。神さまに見捨てられる苦しみ。わたしたちの罪を全部ご自分の身に受けて、死に渡されるという苦しみが、ここに表現されています。神に背く者の行き先は死です。その死をイエスさまが引き受けてくださいました。

ただこの詩編、この後6節で「助けを求めてあなたに叫び、救い出され　あなたに依り頼んで、裏切られたことはない」と、神さまへの絶対の信頼が歌われます。そして終わり近くの28節で「地の果てまで　すべての人が主を認め、御もとに立ち帰り　国々の民が御前にひれ伏しますように」との祈りになっていきます。

イエスさまは苦しみの中で、この詩編22編の最初だけをかろうじて口にお出しになったのでしょう。その心の内には、ただの嘆きではなくて、やはり神さまに対する絶対の信頼があったのだと思います。

でもイエスさまのお気持ちは、周りの人々には全くわかりませんでした。「エロイ、エロイ」という音から、苦しまぎれに旧約聖書の預言者エリヤに助けを求めているのだろうと、誤解した人もいました。

人間のあざけりの声の渦巻く中、イエスさまはとうとう息絶えられました。「すると、神殿の垂れ幕が上から下まで真っ二つに裂けた」（38節）。不思議な出来事ですが、イエスさまの死の大事な意味を伝えているように思います。

垂れ幕は、神殿の奥の至聖所と人々の礼拝所を隔てていました。それが裂けてしまったということは、人が直接神さまと対面して祈れるようになったということではないでしょうか。これが、イエスさまの死によって実現したことです。わたしたちが神さまに祈る時、最後に「イエスさまのお名前によって、アーメン」と言いますね。イエスさまの十字架の死が執り成してくださり、わたしたちは初めて神さまにじかにお話しできるようになったのです。

「百人隊長がイエスの方を向いて、そばに立っていた。そして、イエスがこのように息を引き取られたのを見て、『本当に、この人は神の子だった』と言った」（39節）

百人隊長はこの十字架刑を指揮したローマ軍の隊長です。天地の造り主を知らない異邦人です。他の人たちが悪口を言いながら、そのあたりをうろうろしていたのに対し、この人は「イエスの方を向いて、そばに立っていた」（39節）。しっかりイエスさまに向かって立ち、六時間、その死の一部始終をみじろぎもせず見つめていたのです。その口が言った言葉です。異邦人が神さまのわざの本質を理解したのです。信仰とはイエスさまと真っ直ぐに向き合って、おっしゃったこと、なさったことをしっかり心に受け止めた時に、与えられるものだということが示されたように思います。

イエスさまの十字架のそばには、ガリラヤから従ってきた女性たちもいました。男の弟子たちはみんな逃げて、姿を現しませんでした。

◆15章42〜47節　墓に葬られる

イエスさまが十字架におかかりになったのは金曜日でした。すでに夕方になっていました。金曜日の日没から土曜日の日没までは安息日です。安息日には何の仕事もしてはならないという掟がありましたから、急いでイエスさまのご遺体を十字架から下ろす必要がありました。

　そこに登場するのが「アリマタヤ出身で身分の高い議員ヨセフ」（43節）です。彼は「勇気を出してピラトのところへ行き、イエスの遺体を渡してくれるようにと願い出た。この人も神の国を待ち望んでいたのである」。

　ヨセフは、イエスさまを死刑にすべきと決議した、ユダヤ最高法院のメンバーの一人だったと思われます。それでも「勇気を出してピラトのところへ」向かいました。下手をするとイエスさまの仲間と見なされ、どんなことをされるかわかりません。でも「神の国を待ち望んでいた」人には、神さまの助けを信じる信仰があったのでしょう。恐れずに、ピラトからイエスさまの遺体を引き取ってきたのです。ヨセフはイエスさまのご遺体を亜麻布で包み、岩を掘って作ったお墓に納めました。

　この様子をじっと見つめていた二人の女の人がいました。「マグダラのマリアとヨセの母マリア」（47節）です。マグダラのマリアについては、ルカによる福音書に「七つの悪霊を追い出していただいた」（8章2節）女性と記されています。ヨセの母マリアについてはよくわかりませんが、やはりイエスさまを慕って従ってきた人です。

　その二人の目の前で、イエスさまのお墓が閉じられました。どんな思いだったでしょうか。親しい人を亡くして、火葬場に行き、最後遺体を入れた炉の扉が閉められた時の気持ちを思うのです。もうこれで二度と、この人にこの世で会うことがない。ただただ寂しかったのだと思います。

第16章

1～8節　復活する

結び一
　9～11節　マグダラのマリアに現れる
　12～13節　二人の弟子に現れる
　14～18節　弟子たちを派遣する
　19～20節　天に上げられる

結び二

◆16章1～8節　復活する

金曜日の夕方、ヨセフは安息日が始まる前にイエスさまのご遺体をお墓に納めようと急いだので、ユダヤでいつも行うご遺体の処置が十分にできませんでした。

それを知っていた「マグダラのマリア、ヤコブの母マリア、サロメ」（1節）は、安息日が終わる土曜日の日没後に、イエスさまのご遺体に塗るための香料を買いました。この三人は、イエスさまの十字架を見守っていた女性たちです（15章40節）。

そして、この三人は「週の初めの日の朝ごく早く、日が出るとすぐ墓に行った」（2節）。つまり日曜日の早朝です。お墓に向かいながら、彼女らの心配は、お墓の入り口をふさいだあの大きな石のことでした。

「ところが、目を上げて見ると、石は既にわきへ転がしてあった」（4節）。彼女たちの目の先には、ぽっかりと暗い口を開けたお墓があるのです。どうしたのだろうと彼女らが近寄ってお墓をのぞいてみると、「白い長い衣を着た若者が右手に座っているのが見えた」（５節）ので、彼女たちはとても驚きました。その若者は天使かもしれません。

何だろう。何が起きたのだろう。不思議に思う女性たちに、その若者は言うのです。「驚くことはない。あなたがたは十字架につけられたナザレのイエスを捜しているが、あの方は復活なさって、ここにはおられない。御覧なさい。お納めした場所である」（６節）。復活？　何のこと？

確かにお墓の中は空です。若者は女性たちに言います。「さあ、行って、弟子たちとペトロに告げなさい。『あの方は、あなたがたより先にガリラヤへ行かれる。かねて言われたとおり、そこでお目にかかれる』と」（７節）。

ここで、特にペトロの名前が出されていることに注目したいと思います。イエスさまに対して、「あなたのことを知らないなどとは決して申しません」（14章31節）と断言しながら、イエスさまを裏切ってしまったペトロです（14章66〜72節）。ペトロは、イエスさまが亡くなったことを聞いて、どんなに深い自己嫌悪に陥っていたことでしょうか。

そのペトロに告げなさい、と若者は言います。イエスさまと共に生きる歩みはまだ終わっていない、と。十字架で亡くなったイエスさまは、復活し、ガリラヤにお帰りになった。あなたもガリラヤに帰りなさい。そこでもう一度、イエスさまと一緒に歩み始めることができる、と。

そのように若者からメッセージを託された女性たちでしたが、お墓を出て逃げて行ってしまいます。彼女たちは「だれにも何も言わなかった。恐ろしかったからである」（８節）。これがマルコ福音書の最後の言葉です。いきなりブチッと途切れてしまうような終わり方ですね。

この後、どうなったのでしょう。それはわたしたちの想像に委ねられています。わたしは、恐ろしくてぶるぶる震えていた女性たちは、しかし、この後、この復活の知らせがとてもうれしい知らせであることに気づいたのだと思います。そして女性たちは、弟子たちに、ペトロに、イエスさまが復活したのを伝えたのです。その復活の知らせは、二千年間、受け継がれて、わたしたちにも届いています。

父なる神さまの愛の力が、死を打ち破り、御子イエスさまを復活させたのです。「わたしは確信しています。死も、命も、天使も、支配するものも、現在のものも、未来のものも、力あるものも、高い所にいるものも、低い所にいるものも、他のどんな被造物も、わたしたちの主キリスト・イエスによって示された神の愛から、わたしたちを引き離すことはできないのです」（ローマ8章38～39節）。

結び一

◆16章9～11節　マグダラのマリアに現れる

9節から20節までを気を付けて見ると、大きく〔　〕で囲まれていますね。これは聖書に、後から付け加えられたことを意味しています。マルコ福音書を読んだ後の時代の人が、マルコ福音書の終わり方に納得できず書き足したのかもしれません。

ここからはその付け足しの話です。

「イエスは週の初めの日の朝早く、復活して、まずマグダラのマリアに御自身を現された。このマリアは、以前イエスに七つの悪霊を追い出していただいた婦人である」（9節）

七は聖書では完全数といって、数えられないほど多くを意味します。マグダラのマリアが数えられないほどの罪を犯したことを、意味しているのかもしれません。その人がイエスさまによって救われたのでした。

よみがえりのイエスさまが最初に現れてくださったのは、こういう女性だったのです。イエスさまが生前「わたしが来たのは、正しい人を招くためではなく、罪人を招くためである」（2章17節）とおっしゃったことを思い出します。

マリアは、泣いている人たちにイエスさまの復活を伝えます。「しかし彼らは、イエスが生きておられること、そしてマリアがそのイエスを見たことを聞いても、信じなかった」（11節）。

話を聞くだけで信じることは、なかなかできないものですね。それは昔も今も変わりません。それでもわたしたちはイエスさまの復活を信じる者になりたいと思います。

◆16章12〜13節　二人の弟子に現れる

続いて二人の弟子が登場します。彼らは田舎に向かう途中で復活のイエスさまに出会うのです。この出来事は、ルカによる福音書24章13節以下にくわしく書かれています。「エマオのキリスト」と言われる、とても有名で美しいお話となっています。ぜひ読んでみてください。

「この二人も行って残りの人たちに知らせたが、彼らは二人の言うことも信じなかった」（13節）

復活を信じることは難しいことです、しかし復活を受け入れ、復活のイエスさまと出会った人は、とても大きな力をいただくのです。

◆16章14〜18節　弟子たちを派遣する

「その後、十一人が食事をしているとき、イエスが現れ、その不信仰とかたくなな心をおとがめになった。復活されたイエスを見た人々の言うことを、信じなかったからである」（14節）

イエスさまに再会したという人たちの証言をだれも彼も信じられない中、復活されたイエスさまは、イスカリオテのユダが抜けて十一人になった弟子たちがみなそろっているところにおいでになります。そして復活を信じられないかたくなさを、とがめられたのでした。

その信じられないでいた弟子たちに、イエスさまは「全世界に行って、すべての造られたものに福音を宣べ伝えなさい」（15節）とお命じになります。十一人の弟子たちはどう思ったでしょう。自分たちをあんなに大事にしてくださったイエスさまを、見捨てて逃げてしまったのです。そういう情けない自分たちに、「全世界に出て行って福音を宣べ伝える」という、大きなお役をくださった。

このご命令を聞きながら、弟子たちはどんなに自分の罪を心に深く感じたか。そして、その罪にもかかわらず、大事な仕事を任せられた。この、「自分たちは赦された」という思いが、その後の弟子たちの働きの原動力になったと思うのです。

「信じて洗礼を受ける者は救われるが、信じない者は滅びの宣告を受ける」（16節）。イエスさまを救い主と信じて洗礼を受ける人は、本当に幸いです。

イエスさまが亡くなる時、イエスさまの方をしっかり向いて、その一部始終を見ていたローマの百人隊長は、「本当に、この人は神の子だった」（15章39節）と信じることができました。あの百人隊長の姿勢を思い出してください。だれでも信じる者になることができます。教会は、だれ一人滅びる者を出してはならないのです。

イエスさまは、信仰を持つことができた人と一緒に歩いてくださいます。悪霊を追い出すのも、新しい言葉を語るのも、病人を癒やすのも、わたしたちにピッタリ寄り添ってくださっているイエスさまの力なのです。

◆16章19〜20節　天に上げられる

その後イエスさまは、「天に上げられ、神の右の座に着かれた」（19節）のです。

詩編110編1節に「わが主に賜（たまわ）った主の御言葉。『わたしの右の座に就くがよい』」とあります。「右の座」とは神さまにもっとも近く、神さまの力をいただく場所のことでしょう。イエスさまは天にあって神さまの最も近くにおられ、同時に、地上にあるわたしたちに寄り添い、わたしたちに力を与えてくださいます。

弟子たちはイエスさまから力をいただいて「至るところで宣教した」（20節）のです。

結び二

マルコ福音書の付け足しには、長い版と短い版があります。こちらは短い版です。

8節には、女性たちが恐ろしくて何も言えなかったことが記されていました。しかしここでは「婦人たちは、命じられたことをすべてペトロとその仲間たちに手短に伝えた」とあります。

死んだ人がよみがえる。これを信じるのは、だれにとっても難しいことです。でも復活のイエスさまがご自分の方からよみがえりの姿をお示しになり、話しかけてくださり、わたしたちを「信じない者」から「信じる者」へと変えてくださいます。女性たちも信じる者になり、さらに伝える者になりました。

「その後、イエス御自身も、東から西まで、彼らを通して、永遠の救いに関する聖なる朽ちることのない福音を広められた。アーメン」

マルコによる福音書はこれで終わります。イエスさまは死に勝たれた。よみがえって弟子たちの罪を赦し、大事な伝道のわざを任せられた。こんなに情けない自分たちがまた御用に立てる。この強烈な思いを中心に書かれたのが、マルコによる福音書だったに違いありません。

この本を書いたわたしの信仰のあゆみ

キリスト教の家庭に生まれて

わたしはキリスト教の家庭に生まれ、親戚もほとんどみなキリスト教徒の家庭でした。わが家の最初のキリスト者は祖父母で、わたしで三代目になります。

祖父母、両親は富士見町教会の会員で、植村正久牧師に信仰の指導を受けました。そして祖母の弟が植村正久牧師の娘環と結婚したことから、植村環、さらにその娘の川戸俟が我が家の信仰のよい助言者であり続けてくれたのは、わたしたちの育ちに大きな影響を与えてきたと思います。

わたしの家の隣には祖父が退官後建てた幼稚園がありました。その時代には幼稚園はまだ珍しく、多分キリスト教幼稚園のはしりだったのではないでしょうか。その幼稚園に行くようになってから、日曜日には家のちょっと先、中原街道沿いにあった洗足教会の日曜学校に行くようになりました。植村正久牧師が洗足の地に教会を建てようというお考えで、祖母がそのお仕事を富士見町教会のご婦人、何人かと一緒にお引き受けし、できたのが洗足教会でした。

小学校に入ると、今度はこれも富士見町教会が設立に関わった目黒の白金（しろがね）教会の日曜学校に電車に乗って行くようになりました。

小学校六年生の時に太平洋戦争が勃発。小学校も国民学校と名前が変わり、わたしはその一期生になります。そのころから、模型飛行機を作ることに夢中になり始め、それこそ文字どおり寝食を忘れて模型飛行機の設計、製作に没頭しました。そのうち、模型を飛ばすのに飽き足らず、自分が空を飛びたいと思うようになり、中学三年の時その一心で、陸軍少年飛行兵学校という航空部隊幹部を育てる学校に入りました。

一九四四年秋のことでした。それは日本が対米戦でもうかなり劣勢に立たされていた時でした。実はわたしが生まれる前に兄と姉が幼くして立て続けに亡くなっていましたから、自然わたしが長男ということになっていました。その長男が軍の学校に入ることをなぜ両親が止めなかったか、今思えば不思議です。

しかし我が家はそういう家で、子どもがしたいことに親が何か指図する家ではありませんでした。ただ軍隊に入るのですから、あの戦況悪化の時、この子も死ぬに違いないと両親は思ったのでしょう。入校前に洗礼を受けるようにとだけ言われました。少年のわたしは親の心も知らず、ただただ飛行機に乗りたいだけでしたし、当時の日本は国民に正しい戦況などは伏せて知らせないでいましたから、国がそんなに大変な時期にあったとも知らないまま、両親の言葉に従って、入校前に洗礼を受けました。一九四四年九月のことでした。

戦中から戦後へ

十月初め、入校のため近くの目蒲線洗足駅に向かいました。そこまで見送りに来てくれた母がホームに上がったわたしに、改札口から「あなたは天皇陛下の兵隊さんじゃあないのよ。神さまの兵隊さんよ」と大きな声で言ったのです。戦時中、こんな発言を他人に聞かれたら大変だった時です。でもなぜかわたしはそのとおりだと思い、「うん」と言って母と別れて電車に乗ったのでした。その母の言葉は、九十歳を超す今になっても心の中にしっかり居座わり続けているのです。

飛行兵学校の生活も一年足らずで終わり、一九四五年、終戦を迎えて復員してきましたが、自分の家は米軍の爆撃で何もかも焼けて、跡形もなくなっていました。東京にはもう住むところがありません。相模湾に面した海辺の家で暮らさなければならなくなりました。

食糧事情の非常に悪い時で、食べるものに事欠き、ある時は塩もなく、これには本当に困りました。海から塩水を汲んできて煮詰めてみようとしたのですが、そんなことで簡単に塩ができるものではないのですね。仕方なく海の水でご飯を炊いてしのいだものです。おなかが「すく」ではなく、「飢える」という思いをしたのは人生初めてのことでしたが、今となっては、とてもありがたい経験だったと思います。しかし両親は四人の男の子を育てるのにどんなに心を砕いたことでしょうか。今になってそう思うのです。

その家は横須賀線逗子（ずし）駅から木炭バスで三〇分もかかる所でした。木炭バスというのは、バスの背中に木を蒸し焼きにする窯（かま）のついたバスで、その時に出るガスをエンジンに回して走るのです。近所には教会はありません。父が近所にあったＹＷＣＡの施設で日曜学校を始めたので、わたしもその手伝いをしていましたが、どうしてもちゃんと教会に行きたくて、父の勧めで富士見町教会と縁の深かった、鎌倉雪ノ下教会へ自転車に乗って行き始めました。

ここでわたしは「礼拝」とはどういうことなのかを、しっかり教えられました。日曜学校の礼拝、分級が終わると、大人の礼拝にも出ました。そして中学を終えて、旧制の明治学院専門学校に入ると、教会では教会学校の奉仕も始めました。以来、九十二歳になる現在まで教会学校奉仕は続けていますから、七〇年ほど教会学校教師を続けてきたことになります。

ＣＳ通信を書き続ける

結婚を機会に東京の柿ノ木坂教会に移って来て、やがて教会学校校長をすることになりました。校長は教会総会の時に、その年度の教会学校報告を出さなければなりません。忘れっぽいわたしは、備忘のため「ＣＳ通信」という刷り物を出して、教会学校の諸記録をそれにまとめておくようにしました。

ある時、一人の長老さんからご自分がお書きになった「子どものためのイエス伝」という原稿をいただきました。その原稿は未完でしたが、今思えばこの方はご自分の最期が近いことを感じておられたのだと思います。読ませていただくと、とても良いので、教会学校の子どもたちに読ませたく思い、少しずつＣＳ通信に載せることにしました。間もなくその長老さんはお亡くなりになりました。そうなるとまだ終わっていない部分をわたしが足さねばなりません。とんだことになったと思いましたが、書かないわけにはいきません。それでイエスの受難、復活、昇天と書き足して何とか連載を終えることができました。

それがきっかけで、ＣＳ通信にはその月の礼拝予定を出し、どういうお話をするのかを短く書くようになりました。このＣＳ通信は子どもたち全員に配ったので、お家の方に教会学校で子どもたちがどんなことを聞いているのかをお知らせすることができ、お父さんお母さん方も段々とキリスト教に興味を持ってくださるようになってきました。

そのうちに教会員の中からも「自分にも」とおっしゃる方が出てきたので、ＣＳの子どもたちだけでなく、全教会員にも配るようにしました。子どもたちのために書いてあるのですが、教会員の方々は「自分たちにもちょうどよい」とおっしゃってくださり、わたしにはとても励みになりました。

このＣＳ通信を書くには自分が聖書をしっかり読み込まなければなりません。書き続けているうちに、子どもたちにも、教会員にも、聖書をちゃんと自分の目で読むことがどれほど大切かと思うようになってきました。

こう思うようになったのは、柿ノ木坂教会に二代目牧師として勝田英嗣（しょうだえいじ）先生がいらした時のことです。最初のころのことでした。フィリピの信徒への手紙で説教をなさいました。その1章12節に「兄弟たち、わたしの身に起こったことが、かえって福音の前進に役立ったと知ってほしい」とあるのですが、そこを取り上げ、「福音は前進するのだ」、福音それ自身が前進する力を持っているのだという説教をなさったのです。

わたしは驚きました。神の言葉自体に前進する力があるというのです。つまり、伝道は人間の力ではなく、神さまのなさるわざであると知ったのです。こんなこと、初めて聞きました。それ以降、そう思いつつ聖書を読んでいると、神の言葉の力は山をも移すほどだということに気づかないわけにはいかなくなってきました。それで子どもたちにも聖書の言葉そのものをちゃんと読んでもらいたくて、最近のCS通信には聖句をそのまま短く入れ、理解しにくい言葉は、あとでちょっと易しく言い換えて書き添えることを心がけるようにしました。

本書について

こんなことがきっかけで、この本を書いたのですが、聖書の受け取り方に誤りがあってはいけませんから、隠退なさっておられた勝田英嗣先生に見ていただきました。先生は本当に丁寧に読んでくださり、まちがいも指摘して細かく校正までしてくださり、「教職が聖書の本を出すことはたくさんあるが、信徒が書いたということにはとても意味がある。これは出版なさい」とおっしゃったのです。

じつは書き上げたらどこかの印刷所で印刷してもらい、卒業文集のようにして子どもたちに配ろうかと考えていましたから、出版と聞いてびっくりしたのですが、教会の長老をされていた赤木康子姉や、教会の友人石丸昌彦兄に見ていただいたところ、ぜひ出版されたらと励まされました。そのようなことで、本当に思ってもみなかった「出版」が現実になってきました。

あとで知ったのですが、勝田先生はこの話をお聞きになって、日本キリスト教団出版局にご自分でわざわざ電話をなさったとか。そんなにしていただいたのに、出版のことが本決まりになったのは先生がお亡くなりになった直後でした。できあがった本をお目にかけられないのが何より残念です。先生、本当にありがとうございました。

このようにこの本は勝田英嗣牧師、赤木康子姉、石丸昌彦兄、また市川真紀さん、それを引き継いでくださった土肥研一牧師というよい編集者との出会いで思いがけず実現したもので、感謝のほかありません。

この本はこんなことで世に出ることになりました。この本をご一緒に読むことで、みなさんがイエスという方にしっかりと出会っていただくこと、それを切に願ってやみません。

二〇二三年二月

棟居　正

棟居（むねすえ）　正（ただし）

1930年、東京市に生まれる。旧制明治学院専門学校英米文学科卒業。横須賀学院に奉職、小学校、中学校、高等学校、夜間英語学校の英語を担当。その後青山学院に招聘され、中等部、高等部の英語科教員を務める。この間宗教活動を行うクラブ活動の顧問を務める。日本基督教団神奈川教区鎌倉雪ノ下教会を経て、現在も東京教区柿ノ木坂教会で教会学校の奉仕を続けている。

はじめてのマルコ福音書

2023年 3月25日　初版発行

著者　棟居 正

発行　日本キリスト教団出版局
〒169-0051
東京都新宿区西早稲田 2-3-18
電話・営業 03（3204）0422
　　　編集 03（3204）0424
https://bp-uccj.jp/

印刷・製本　開成印刷

ISBN978-4-8184-1130-2 C0016　日キ販
Printed in Japan

日本キリスト教団出版局の本

マルコ福音書を読もう　いのちの香油を注ぐ

増田琴 著（四六判 256 頁／ 2400 円）

共同体の片隅に追いやられている人への福音を、現代の課題と向き合いつつ語る 34 のメッセージ。異邦人の女、けがれた者とされた出血の止まらない女、香油を注ぐ女、イエスの墓で復活の証人となる女たち……。イエスによる癒やしや和解の働きを、多くの人を通して印象的に描く。

聖書人物おもしろ図鑑 旧約編　大島 力 監修
聖書人物おもしろ図鑑 新約編　中野 実 監修

（各四六判 112 頁／ 1500 円）

聖書にはカタカナの名前がずらずら並ぶ。これはだれ？　何をした人？　その人を知ると聖書の話がよくわかる。旧約聖書と新約聖書に登場する人物の簡潔な紹介や背景説明、地図や系図を楽しく学べる聖書入門。豊富なイラストで、大人にも子どもにも役に立つ書。

非暴力の教育　今こそ、キリスト教教育を！

小見のぞみ 著（A5 判 136 頁／ 1600 円）

世界も、社会も、教育や保育の現場も、力による支配や排除が進み、多くの人が傷ついている。だからこそ、今、キリスト教教育を！　教会で子どもに関わる方々はもちろん、幼稚園、保育園、学校、子育て世代など、広く読んでほしい、待望のキリスト教教育入門。

価格は本体価格です。重版の際に変わることがあります。